新型インフル対策特措法

法律・施行令等

〈重要法令シリーズ013〉

信山社

7083-0101

＜目　次＞

＊ページ数は上部にふられたもの

新型インフルエンザ等対策特別措置法

（平成二十四年法律第三十一号）

【目　次】

第一章　総則

（目的）

第一条　この法律は、国民の大部分が現在その免疫を獲得していないこと等から、新型インフルエンザ等が全国的かつ急速にまん延し、かつ、これにかかった場合の病状の程度が重篤となるおそれがあり、また、国民生活及び国民経済に重大な影響を及ぼすおそれがあることに鑑み、新型インフルエンザ等対策の実施に関する計画、新型インフルエンザ等の発生時における措置、新型インフルエンザ等緊急事態措置その他新型インフルエンザ等に関する事項について特別の措置を定めることにより、感染症の予防及び感染症の患者に対する医療に関する法律（平成十年法律第百十四号。以下「感染症法」という。）その他新型インフルエンザ等の発生の予防及びまん延の防止に関する法律と相まって、新型インフルエンザ等に対する対策の強化を図り、もって新型インフルエンザ等の発生時において国民の生命及び健康を保護し、並びに国民生活及び国民経済に及ぼす影響が最小となるようにすることを目的とする。

（定義）

第二条　この法律において、次の各号に掲げる用語の意義は、それぞれ当該各号に定めるところによる。

一　新型インフルエンザ等　感染症法第六条第七項に規定する新型インフルエンザ等感染症及び同条第九項に規定する新感染症（全国的かつ急速なまん延のおそれのあるものに限る。）をいう。

二　新型インフルエンザ等対策　第十五条第一項の規定により同項に規定する政府対策本部が設置された時から第二十一条第一項の規定により当該政府対策本部が廃止されるまでの間において、国民の生命及び健康を保護し、並びに国民生活及び国民経済に及ぼす影響が最小となるようにするため、国、地方公共団体並びに指定公共機関及び指定地方公共機関がこの法律及び感染症法その他の法律の規定により実施する措置をいう。

三　新型インフルエンザ等緊急事態措置　第三十二条第一項の規定により同項に規定する新型インフルエンザ等緊急事態宣言がされた時から同条第五項の規定により同項に規定する新型インフルエンザ等緊急

事態解除宣言がされるまでの間において、国民の生命及び健康を保護し、並びに国民生活及び国民経済に及ぼす影響が最小となるようにするため、国、地方公共団体並びに指定公共機関及び指定地方公共機関がこの法律の規定により実施する措置をいう。

四　指定行政機関　次に掲げる機関で政令で定めるものをいう。

イ　内閣府、宮内庁並びに内閣府設置法（平成十一年法律第八十九号）第四十九条第一項及び第二項に規定する機関並びに国家行政組織法（昭和二十三年法律第百二十号）第三条第二項に規定する機関

ロ　内閣府設置法第三十七条及び第五十四条並びに宮内庁法（昭和二十二年法律第七十号）第十六条第一項並びに国家行政組織法第八条に規定する機関

ハ　内閣府設置法第三十九条及び第五十五条並びに宮内庁法第十六条第二項並びに国家行政組織法第八条の二に規定する機関

ニ　内閣府設置法第四十条及び第五十六条並びに国家行政組織法第八条の三に規定する機関

五　指定地方行政機関　指定行政機関の地方支分部局（内閣府設置法第四十三条及び第五十七条（宮内庁法第十八条第一項において準用す

る場合を含む。）並びに宮内庁法第十七条第一項並びに国家行政組織法第九条の地方支分部局をいう。）その他の国の地方行政機関で政令で定めるものをいう。

六　指定公共機関　独立行政法人（独立行政法人通則法（平成十一年法律第百三号）第二条第一項に規定する独立行政法人をいう。）、日本銀行、日本赤十字社、日本放送協会その他の公共的機関及び医療、医薬品（医薬品、医療機器等の品質、有効性及び安全性の確保等に関する法律（昭和三十五年法律第百四十五号）第二条第一項に規定する医薬品をいう。以下同じ。）、医療機器（同条第四項に規定する医療機器をいう。以下同じ。）又は再生医療等製品（同条第九項に規定する再生医療等製品をいう。以下同じ。）の製造又は販売、電気又はガスの供給、輸送、通信その他の公益的事業を営む法人で、政令で定めるものをいう。

七　指定地方公共機関　都道府県の区域において医療、医薬品、医療機器又は再生医療等製品の製造又は販売、電気又はガスの供給、輸送、通信その他の公益的事業を営む法人、地方道路公社（地方道路公社法（昭和四十五年法律第八十二号）第一条の地方道路公社をいう。）

その他の公共的施設を管理する法人及び地方独立行政法人（地方独立行政法人法（平成十五年法律第百十八号）第二条第一項に規定する地方独立行政法人をいう。）のうち、前号の政令で定めるもの以外のもので、あらかじめ当該法人の意見を聴いて当該都道府県の知事が指定するものをいう。

（国、地方公共団体等の責務）

第三条　国は、新型インフルエンザ等から国民の生命及び健康を保護し、並びに新型インフルエンザ等が国民生活及び国民経済に及ぼす影響が最小となるようにするため、新型インフルエンザ等が発生したときは、自ら新型インフルエンザ等対策を的確かつ迅速に実施し、並びに地方公共団体及び指定公共機関が実施する新型インフルエンザ等対策を的確かつ迅速に支援することにより、国全体として万全の態勢を整備する責務を有する。

２　国は、新型インフルエンザ等及びこれに係るワクチンその他の医薬品の調査及び研究を推進するよう努めるものとする。

3　国は、世界保健機関その他の国際機関及びアジア諸国その他の諸外国との国際的な連携を確保するとともに、新型インフルエンザ等に関する調査及び研究に係る国際協力を推進するよう努めるものとする。

4　地方公共団体は、新型インフルエンザ等が発生したときは、第十八条第一項に規定する基本的対処方針に基づき、自らその区域に係る新型インフルエンザ等対策を的確かつ迅速に実施し、及び当該地方公共団体の区域において関係機関が実施する新型インフルエンザ等対策を総合的に推進する責務を有する。

5　指定公共機関及び指定地方公共機関は、新型インフルエンザ等が発生したときは、この法律で定めるところにより、その業務について、新型インフルエンザ等対策を実施する責務を有する。

6　国、地方公共団体並びに指定公共機関及び指定地方公共機関は、新型インフルエンザ等対策を実施するに当たっては、相互に連携協力し、その的確かつ迅速な実施に万全を期さなければならない。

（事業者及び国民の責務）

第四条　事業者及び国民は、新型インフルエンザ等の予防に努めるとともに、新型インフルエンザ等対策に協力するよう努めなければならない。

２　事業者は、新型インフルエンザ等のまん延により生ずる影響を考慮し、その事業の実施に関し、適切な措置を講ずるよう努めなければならない。

３　第二十八条第一項第一号に規定する登録事業者は、新型インフルエンザ等が発生したときにおいても、医療の提供並びに国民生活及び国民経済の安定に寄与する業務を継続的に実施するよう努めなければならない。

（基本的人権の尊重）

第五条　国民の自由と権利が尊重されるべきことに鑑み、新型インフルエンザ等対策を実施する場合において、国民の自由と権利に制限が加えられるときであっても、その制限は当該新型インフルエンザ等対策を実施するため必要最小限のものでなければならない。

第二章　新型インフルエンザ等対策の実施に関する計画等

（政府行動計画の作成及び公表等）

第六条　政府は、新型インフルエンザ等の発生に備えて、新型インフルエンザ等対策の実施に関する計画（以下「政府行動計画」という。）を定めるものとする。

２　政府行動計画においては、次に掲げる事項を定めるものとする。

一　新型インフルエンザ等対策の実施に関する基本的な方針

二　国が実施する次に掲げる措置に関する事項

イ　新型インフルエンザ等及び感染症法第六条第七項に規定する新型インフルエンザ等感染症に変異するおそれが高い動物のインフルエンザの外国及び国内における発生の状況、動向及び原因の情報収集

ロ　新型インフルエンザ等に関する情報の地方公共団体、指定公共機関、事業者及び国民への適切な方法による提供

ハ　新型インフルエンザ等が国内において初めて発生した場合における第十六条第八項に規定する政府現地対策本部による新型インフルエンザ等対策の総合的な推進

ニ　検疫、第二十八条第三項に規定する特定接種の実施その他の新型インフルエンザ等のまん延の防止に関する措置

ホ　医療の提供体制の確保のための総合調整

ヘ　生活関連物資の価格の安定のための措置その他の国民生活及び国民経済の安定に関する措置

三　第二十八条第一項第一号の規定による厚生労働大臣の登録の基準に関する事項

四　都道府県及び指定公共機関がそれぞれ次条第一項に規定する都道府県行動計画及び第九条第一項に規定する業務計画を作成する際の基準となるべき事項

五　新型インフルエンザ等対策を実施するための体制に関する事項

六　新型インフルエンザ等対策の実施に当たっての地方公共団体相互の広域的な連携協力その他の関係機関相互の連携協力の確保に関する事項

七　前各号に掲げるもののほか、新型インフルエンザ等対策の実施に関し必要な事項

３　政府行動計画は、新型インフルエンザ等が発生する前の段階、新型インフルエンザ等が外国において発生した段階及び新型インフルエンザ等が国内において発生した段階に区分して定めるものとする。

４　内閣総理大臣は、政府行動計画の案を作成し、閣議の決定を求めなければならない。

５　内閣総理大臣は、前項の規定により政府行動計画の案を作成しようとするときは、あらかじめ、感染症に関する専門的な知識を有する者その他の学識経験者の意見を聴かなければならない。

6　内閣総理大臣は、第四項の閣議の決定があったときは、遅滞なく、政府行動計画を国会に報告するとともに、その旨を公示しなければならない。

7　政府は、政府行動計画を定めるため必要があると認めるときは、地方公共団体の長その他の執行機関（以下「地方公共団体の長等」という。）、指定公共機関その他の関係者に対し、資料又は情報の提供、意見の陳述その他必要な協力を求めることができる。

8　第三項から前項までの規定は、政府行動計画の変更について準用する。

（都道府県行動計画）

第七条　都道府県知事は、政府行動計画に基づき、当該都道府県の区域に係る新型インフルエンザ等対策の実施に関する計画（以下「都道府県行動計画」という。）を作成するものとする。

2　都道府県行動計画においては、おおむね次に掲げる事項を定めるものとする。

一　当該都道府県の区域に係る新型インフルエンザ等対策の総合的な推進に関する事項

二　都道府県が実施する次に掲げる措置に関する事項

イ　新型インフルエンザ等の都道府県内における発生の状況、動向及び原因の情報収集並びに調査

ロ　新型インフルエンザ等に関する情報の市町村、指定地方公共機関、医療機関、事業者及び住民への適切な方法による提供

ハ　感染を防止するための協力の要請その他の新型インフルエンザ等のまん延の防止に関する措置

ニ　医療従事者の確保その他の医療の提供体制の確保に関する措置

ホ　物資の売渡しの要請その他の住民の生活及び地域経済の安定に関する措置

三　市町村及び指定地方公共機関がそれぞれ次条第一項に規定する市町村行動計画及び第九条第一項に規定する業務計画を作成する際の基準となるべき事項

四　新型インフルエンザ等対策を実施するための体制に関する事項

五　新型インフルエンザ等対策の実施に関する他の地方公共団体その他の関係機関との連携に関する事項

六　前各号に掲げるもののほか、当該都道府県の区域に係る新型インフルエンザ等対策に関し都道府県知事が必要と認める事項

３　都道府県知事は、都道府県行動計画を作成する場合において、他の地方公共団体と関係がある事項を定めるときは、当該他の地方公共団体の長の意見を聴かなければならない。

４　都道府県知事は、都道府県行動計画を作成したときは、内閣総理大臣に報告しなければならない。

５　内閣総理大臣は、前項の規定により報告を受けた都道府県行動計画について、必要があると認めるときは、当該都道府県知事に対し、必要な助言又は勧告をすることができる。

6　都道府県知事は、都道府県行動計画を作成したときは、速やかに、これを議会に報告し、並びに当該都道府県の区域内の市町村の長及び関係指定地方公共機関に通知するとともに、公表しなければならない。

7　都道府県知事は、都道府県行動計画を作成するため必要があると認めるときは、指定行政機関の長（当該指定行政機関が合議制の機関である場合にあっては、当該指定行政機関。以下同じ。）、指定地方行政機関の長、地方公共団体の長等、指定公共機関、指定地方公共機関その他の関係者に対し、資料又は情報の提供、意見の陳述その他必要な協力を求めることができる。

8　前条第五項の規定は、都道府県行動計画の作成について準用する。

9　第三項から前項までの規定は、都道府県行動計画の変更について準用する。

（市町村行動計画）

第八条　市町村長は、都道府県行動計画に基づき、当該市町村の区域に係る新型インフルエンザ等対策の実施に関する計画（以下「市町村行動計画」という。）を作成するものとする。

２　市町村行動計画においては、おおむね次に掲げる事項を定めるものとする。

一　当該市町村の区域に係る新型インフルエンザ等対策の総合的な推進に関する事項

二　市町村が実施する次に掲げる措置に関する事項
イ　新型インフルエンザ等に関する情報の事業者及び住民への適切な方法による提供
ロ　住民に対する予防接種の実施その他の新型インフルエンザ等のまん延の防止に関する措置
ハ　生活環境の保全その他の住民の生活及び地域経済の安定に関する措置

三　新型インフルエンザ等対策を実施するための体制に関する事項

四　新型インフルエンザ等対策の実施に関する他の地方公共団体その他の関係機関との連携に関する事項

五　前各号に掲げるもののほか、当該市町村の区域に係る新型インフルエンザ等対策に関し市町村長が必要と認める事項

３　市町村長は、市町村行動計画を作成する場合において、他の地方公共団体と関係がある事項を定めるときは、当該他の地方公共団体の長の意見を聴かなければならない。

４　市町村長は、市町村行動計画を作成したときは、都道府県知事に報告しなければならない。

５　都道府県知事は、前項の規定により報告を受けた市町村行動計画について、必要があると認めるときは、当該市町村長に対し、必要な助言又は勧告をすることができる。

６　市町村長は、市町村行動計画を作成したときは、速やかに、これを議会に報告するとともに、公表しなければならない。

７　第六条第五項及び前条第七項の規定は、市町村行動計画の作成について準用する。

８　第三項から前項までの規定は、市町村行動計画の変更について準用する。

（指定公共機関及び指定地方公共機関の業務計画）

第九条　指定公共機関又は指定地方公共機関は、それぞれ政府行動計画又は都道府県行動計画に基づき、その業務に関し、新型インフルエンザ等対策に関する業務計画（以下「業務計画」という。）を作成するものとする。

２　業務計画においては、次に掲げる事項を定めるものとする。

一　当該指定公共機関又は指定地方公共機関が実施する新型インフルエンザ等対策の内容及び実施方法に関する事項

二　新型インフルエンザ等対策を実施するための体制に関する事項

三　新型インフルエンザ等対策の実施に関する関係機関との連携に関する事項

四　前三号に掲げるもののほか、新型インフルエンザ等対策の実施に関し必要な事項

３　指定公共機関及び指定地方公共機関は、それぞれその業務計画を作成したときは、速やかに、指定公共機関にあっては当該指定公共機関を所管する指定行政機関の長を経由して内閣総理大臣に、指定地方公共機関にあっては当該指定地方公共機関を指定した都道府県知事に報告しなければならない。この場合において、内閣総理大臣又は都道府県知事は、当該指定公共機関又は指定地方公共機関に対し、必要な助言をすることができる。

４　指定公共機関及び指定地方公共機関は、それぞれその業務計画を作成したときは、速やかに、これを関係都道府県知事及び関係市町村長に通知するとともに、その要旨を公表しなければならない。

５　第七条第七項の規定は、業務計画の作成について準用する。

６　前三項の規定は、業務計画の変更について準用する。

（物資及び資材の備蓄等）

第十条　指定行政機関の長及び指定地方行政機関の長、地方公共団体の長等並びに指定公共機関及び指定地方公共機関（第十二条及び第五十一条において「指定行政機関の長等」という。）は、政府行動計画、都道府県行動計画、市町村行動計画又は業務計画で定めるところにより、その所掌事務又は業務に係る新型インフルエンザ等対策の実施に必要な医薬品その他の物資及び資材を備蓄し、整備し、若しくは点検し、又は新型インフルエンザ等対策の実施に必要なその管理に属する施設及び設備を整備し、若しくは点検しなければならない。

（災害対策基本法の規定による備蓄との関係）

第十一条　前条の規定による物資及び資材の備蓄と、災害対策基本法（昭和三十六年法律第二百二十三号）第四十九条の規定による物資及び資材の備蓄とは、相互に兼ねることができる。

（訓練）

第十二条　指定行政機関の長等は、政府行動計画、都道府県行動計画、市町村行動計画又は業務計画で定めるところにより、それぞれ又は他の指定行政機関の長等と共同して、新型インフルエンザ等対策についての訓練を行うよう努めなければならない。この場合においては、災害対策基本法第四十八条第一項の防災訓練との有機的な連携が図られるよう配慮するものとする。

２　都道府県公安委員会は、前項の訓練の効果的な実施を図るため特に必要があると認めるときは、政令で定めるところにより、当該訓練の実施に必要な限度で、区域又は道路の区間を指定して、歩行者又は車両の道路における通行を禁止し、又は制限することができる。

３　指定行政機関の長等は、第一項の訓練を行おうとするときは、住民その他関係のある公私の団体に協力を要請することができる。

（知識の普及等）

第十三条　国及び地方公共団体は、新型インフルエンザ等の予防及びまん延の防止に関する知識を普及するとともに、新型インフルエンザ等対策の重要性について国民の理解と関心を深めるため、国民に対する啓発に努めなければならない。

第三章　新型インフルエンザ等の発生時における措置

（新型インフルエンザ等の発生等に関する報告）

（新型インフルエンザ等の発生等に関する報告）

第十四条　厚生労働大臣は、感染症法第四十四条の二第一項又は第四十四条の六第一項の規定により新型インフルエンザ等が発生したと認めた旨を公表するときは、内閣総理大臣に対し、当該新型インフルエンザ等の発生の状況、当該新型インフルエンザ等にかかった場合の病状の程度その他の必要な情報の報告をしなければならない。

（政府対策本部の設置）

第十五条　内閣総理大臣は、前条の報告があったときは、当該報告に係る新型インフルエンザ等にかかった場合の病状の程度が、感染症法第六条第六項第一号に掲げるインフルエンザにかかった場合の病状の程度に比しておおむね同程度以下であると認められる場合を除き、内閣法（昭和二十二年法律第五号）第十二条第四項の規定にかかわらず、閣議にかけて、臨時に内閣に新型インフルエンザ等対策本部（以下「政府対策本部」という。）を設置するものとする。

２　内閣総理大臣は、政府対策本部を置いたときは、当該政府対策本部の名称並びに設置の場所及び期間を国会に報告するとともに、これを公示しなければならない。

（政府対策本部の組織）

第十六条　政府対策本部の長は、新型インフルエンザ等対策本部長（以下「政府対策本部長」という。）とし、内閣総理大臣（内閣総理大臣に事故があるときは、そのあらかじめ指名する国務大臣）をもって充てる。

２　政府対策本部長は、政府対策本部の事務を総括し、所部の職員を指揮監督する。

３　政府対策本部に、新型インフルエンザ等対策副本部長（以下この条及び第二十条第三項において「政府対策副本部長」という。）、新型インフルエンザ等対策本部員（以下この条において「政府対策本部員」という。）その他の職員を置く。

４　政府対策副本部長は、国務大臣をもって充てる。

5　政府対策副本部長は、政府対策本部長を助け、政府対策本部長に事故があるときは、その職務を代理する。政府対策副本部長が二人以上置かれている場合にあっては、あらかじめ政府対策本部長が定めた順序で、その職務を代理する。

6　政府対策本部員は、政府対策本部長及び政府対策副本部長以外の全ての国務大臣をもって充てる。この場合において、国務大臣が不在のときは、そのあらかじめ指名する副大臣（内閣官房副長官を含む。）がその職務を代行することができる。

7　政府対策副本部長及び政府対策本部員以外の政府対策本部の職員は、内閣官房の職員、指定行政機関の長（国務大臣を除く。）その他の職員又は関係する指定地方行政機関の長その他の職員のうちから、内閣総理大臣が任命する。

8　新型インフルエンザ等が国内において発生した場合には、政府対策本部に、政府対策本部長の定めるところにより政府対策本部の事務の一部を行う組織として、新型インフルエンザ等現地対策本部（以下この条において「政府現地対策本部」という。）を置くことができる。この場合においては、地方自治法（昭和二十二年法律第六十七号）第百五十六条第四項の規定は、適用しない。

９　政府対策本部長は、前項の規定により政府現地対策本部を置いたときは当該政府現地対策本部の名称並びに設置の場所及び期間を、当該政府現地対策本部を廃止したときはその旨を、国会に報告するとともに、これを公示しなければならない。

10　政府現地対策本部に、新型インフルエンザ等現地対策本部長（次項及び第十二項において「政府現地対策本部長」という。）及び新型インフルエンザ等現地対策本部員（同項において「政府現地対策本部員」という。）その他の職員を置く。

11　政府現地対策本部長は、政府対策本部長の命を受け、政府現地対策本部の事務を掌理する。

12　政府現地対策本部長及び政府現地対策本部員その他の職員は、政府対策副本部長、政府対策本部員その他の職員のうちから、政府対策本部長が指名する者をもって充てる。

（政府対策本部の所掌事務）

第十七条　政府対策本部は、次に掲げる事務をつかさどる。

一　指定行政機関、地方公共団体及び指定公共機関が次条第一項に規定する基本的対処方針に基づき実施する新型インフルエンザ等対策の総合的な推進に関すること。

二　第二十条第一項及び第三十三条第一項の規定により政府対策本部長の権限に属する事務

三　前二号に掲げるもののほか、法令の規定によりその権限に属する事務

（基本的対処方針）

第十八条　政府対策本部は、政府行動計画に基づき、新型インフルエンザ等への基本的な対処の方針（以下「基本的対処方針」という。）を定めるものとする。

２　基本的対処方針においては、次に掲げる事項を定めるものとする。

一　新型インフルエンザ等の発生の状況に関する事実

二　当該新型インフルエンザ等への対処に関する全般的な方針

三　新型インフルエンザ等対策の実施に関する重要事項

３　政府対策本部長は、基本的対処方針を定めたときは、直ちに、これを公示してその周知を図らなければならない。

４　政府対策本部長は、基本的対処方針を定めようとするときは、あらかじめ、感染症に関する専門的な知識を有する者その他の学識経験者の意見を聴かなければならない。ただし、緊急を要する場合で、あらかじめ、その意見を聴くいとまがないときは、この限りでない。

５　前二項の規定は、基本的対処方針の変更について準用する。

（指定行政機関の長の権限の委任）

第十九条　指定行政機関の長は、政府対策本部が設置されたときは、新型インフルエンザ等対策の実施のため必要な権限の全部又は一部を当該政府対策本部の職員である当該指定行政機関の職員又は当該指定地方行政機関の長若しくはその職員に委任することができる。

２　指定行政機関の長は、前項の規定による委任をしたときは、直ちに、その旨を公示しなければならない。

（政府対策本部長の権限）

第二十条　政府対策本部長は、新型インフルエンザ等対策を的確かつ迅速に実施するため必要があると認めるときは、基本的対処方針に基づき、指定行政機関の長及び指定地方行政機関の長並びに前条の規定により権限を委任された当該指定行政機関の職員及び当該指定地方行政機関の職員、都道府県の知事その他の執行機関（以下「都道府県知事等」という。）並びに指定公共機関に対し、指定行政機関、都道府県及び指定公共機関が実施する新型インフルエンザ等対策に関する総合調整を行うことができる。

２　前項の場合において、当該都道府県知事等及び指定公共機関は、当該都道府県又は指定公共機関が実施する新型インフルエンザ等対策に関して政府対策本部長が行う総合調整に関し、政府対策本部長に対して意見を申し出ることができる。

３　政府対策本部長は、第一項の規定による権限の全部又は一部を政府対策副本部長に委任することができる。

４　政府対策本部長は、前項の規定による委任をしたときは、直ちに、その旨を公示しなければならない。

（政府対策本部の廃止）

第二十一条　政府対策本部は、第十五条第一項に規定する新型インフルエンザ等にかかった場合の病状の程度が、感染症法第六条第六項第一号に掲げるインフルエンザにかかった場合の病状の程度に比しておおむね同程度以下であることが明らかとなったとき、又は感染症法第四十四条の二第三項の規定による公表がされ、若しくは感染症法第五十三条第一項の政令が廃止されたときに、廃止されるものとする。

２　内閣総理大臣は、政府対策本部が廃止されたときは、その旨を国会に報告するとともに、これを公示しなければならない。

（都道府県対策本部の設置及び所掌事務）

第二十二条　第十五条第一項の規定により政府対策本部が設置されたときは、都道府県知事は、都道府県行動計画で定めるところにより、直ちに、都道府県対策本部を設置しなければならない。

２　都道府県対策本部は、当該都道府県及び当該都道府県の区域内の市町村並びに指定公共機関及び指定地方公共機関が実施する当該都道府県の区域に係る新型インフルエンザ等対策の総合的な推進に関する事務をつかさどる。

（都道府県対策本部の組織）

第二十三条　都道府県対策本部の長は、都道府県対策本部長とし、都道府県知事をもって充てる。

２　都道府県対策本部に本部員を置き、次に掲げる者（道府県知事が設置するものにあっては、第四号に掲げる者を除く。）をもって充てる。

一　副知事

二　都道府県教育委員会の教育長

三　警視総監又は道府県警察本部長

四　特別区の消防長

五　前各号に掲げる者のほか、都道府県知事が当該都道府県の職員のうちから任命する者

３　都道府県対策本部に副本部長を置き、前項の本部員のうちから、都道府県知事が指名する。

４　都道府県対策本部長は、必要があると認めるときは、国の職員その他当該都道府県の職員以外の者を都道府県対策本部の会議に出席させることができる。

（都道府県対策本部長の権限）

第二十四条　都道府県対策本部長は、当該都道府県の区域に係る新型インフルエンザ等対策を的確かつ迅速に実施するため必要があると認めるときは、当該都道府県及び関係市町村並びに関係指定公共機関及び指定地方公共機関が実施する当該都道府県の区域に係る新型インフルエンザ等対策に関する総合調整を行うことができる。

２　前項の場合において、関係市町村の長その他の執行機関（第三十三条第二項において「関係市町村長等」という。）又は関係指定公共機関若しくは指定地方公共機関は、当該関係市町村又は関係指定公共機関若しくは指定地方公共機関が実施する当該都道府県の区域に係る新型インフルエンザ等対策に関して都道府県対策本部長が行う総合調整に関し、当該都道府県対策本部長に対して意見を申し出ることができる。

３　都道府県対策本部長は、当該都道府県の区域に係る新型インフルエンザ等対策の実施に関し、指定行政機関又は指定公共機関と緊密な連絡を図る必要があると認めるときは、当該連絡を要する事項を所管する指定地方行政機関の長（当該指定地方行政機関がないときは、当該指定行政機関の長）又は当該指定公共機関に対し、その指名する職員を派遣するよう求めることができる。

４　都道府県対策本部長は、特に必要があると認めるときは、政府対策本部長に対し、指定行政機関及び指定公共機関が実施する新型インフルエンザ等対策に関する総合調整を行うよう要請することができる。この場合において、政府対策本部長は、必要があると認めるときは、所要の総合調整を行わなければならない。

５　都道府県対策本部長は、第一項の総合調整を行うため必要があると認めるときは、政府対策本部長に対し、当該都道府県の区域に係る新型インフルエンザ等対策の実施に関し必要な情報の提供を求めることができる。

6　都道府県対策本部長は、第一項の総合調整を行うため必要があると認めるときは、当該総合調整の関係機関に対し、それぞれ当該都道府県の区域に係る新型インフルエンザ等対策の実施の状況について報告又は資料の提出を求めることができる。

7　都道府県対策本部長は、当該都道府県警察及び当該都道府県の教育委員会に対し、当該都道府県の区域に係る新型インフルエンザ等対策を実施するため必要な限度において、必要な措置を講ずるよう求めることができる。

8　都道府県対策本部長は、当該都道府県の区域に係る新型インフルエンザ等対策を的確かつ迅速に実施するため必要があると認めるときは、指定行政機関の長又は指定地方行政機関の長に対し、これらの所掌事務に係る新型インフルエンザ等対策の実施に関し必要な要請をすることができる。

９　都道府県対策本部長は、当該都道府県の区域に係る新型インフルエンザ等対策を的確かつ迅速に実施するため必要があると認めるときは、公私の団体又は個人に対し、その区域に係る新型インフルエンザ等対策の実施に関し必要な協力の要請をすることができる。

（都道府県対策本部の廃止）

第二十五条　第二十一条第一項の規定により政府対策本部が廃止されたときは、都道府県知事は、遅滞なく、都道府県対策本部を廃止するものとする。

（条例への委任）

第二十六条　第二十二条から前条まで及び第三十三条第二項に規定するもののほか、都道府県対策本部に関し必要な事項は、都道府県の条例で定める。

（指定公共機関及び指定地方公共機関の応援の要求）

第二十七条　指定公共機関又は指定地方公共機関は、その業務に係る新型インフルエンザ等対策を実施するため特に必要があると認めるときは、指定行政機関の長若しくは指定地方行政機関の長又は地方公共団体の長に対し、労務、施設、設備又は物資の確保について応援を求めることができる。この場合において、応援を求められた指定行政機関の長及び指定地方行政機関の長並びに地方公共団体の長は、正当な理由がない限り、応援を拒んではならない。

（特定接種）

第二十八条　政府対策本部長は、医療の提供並びに国民生活及び国民経済の安定を確保するため緊急の必要があると認めるときは、厚生労働大臣に対し、次に掲げる措置を講ずるよう指示することができる。

一　医療の提供の業務又は国民生活及び国民経済の安定に寄与する業務を行う事業者であって厚生労働大臣の定めるところにより厚生労働大臣の登録を受けているもの（第三項及び第四項において「登録事業者」という。）のこれらの業務に従事する者（厚生労働大臣の定める基準に該当する者に限る。）並びに新型インフルエンザ等対策の実施に携わる国家公務員に対し、臨時に予防接種を行うこと。

二　新型インフルエンザ等対策の実施に携わる地方公務員に対し、臨時に予防接種を行うよう、当該地方公務員の所属する都道府県又は市町村の長に指示すること。

２　前項の規定による指示をする場合には、政府対策本部長は、予防接種の期間を指定するものとする。

３　厚生労働大臣は、第一項の規定による指示に基づき行う予防接種（以下この条及び第三十一条において「特定接種」という。）及び同項第一号の登録の実施に関し必要があると認めるときは、官公署に対し、必要な書類の閲覧若しくは資料の提供を求め、又は登録事業者その他の関係者に対し、必要な事項の報告を求めることができる。

４　厚生労働大臣は、特定接種及び第一項第一号の登録の円滑な実施のため必要があると認めるときは、登録事業者、都道府県知事、市町村長及び各省各庁の長（財政法（昭和二十二年法律第三十四号）第二十条第二項に規定する各省各庁の長をいう。）に対して、労務又は施設の確保その他の必要な協力を求めることができる。この場合においてもて、協力を求められた登録事業者、都道府県知事及び市町村長は、正当な理由がない限り、協力を拒んではならない。

５　厚生労働大臣が行う特定接種は、予防接種法（昭和二十三年法律第六十八号）第六条第一項の規定による予防接種とみなして、同法（第十二条第二項、第二十六条及び第二十七条を除く。）の規定を適用する。この場合において、同法第七条及び第八条中「市町村長又は都道府県知事」とあり、並びに同法第十五条第一項、第十八条及び第十九条第一項中「市町村長」とあるのは「厚生労働大臣」と、同法第十五条第一項中「当該市町村の区域内に居住する間に定期の予防接種等」とあるのは「その行う臨時の予防接種」と、「当該定期の予防接種等」とあるのは「当該予防接種」と、同法第二十五条第一項中「市町村（第六条第一項の規定による予防接種については、都道府県又は市町村）」とあり、及び同条第二項中「市町村」とあるのは「国」とする。

６　都道府県知事が行う特定接種は、予防接種法第六条第一項の規定による予防接種とみなして、同法（第二十六条及び第二十七条を除く。）の規定を適用する。この場合において、同法第十五条第一項、

第十八条及び第十九条第一項中「市町村長」とあるのは「都道府県知事」と、同法第十五条第一項中「当該市町村の区域内に居住する間に定期の予防接種等」とあるのは「その行う臨時の予防接種」と、「当該定期の予防接種等」とあるのは「当該予防接種」と、同法第二十五条第一項中「市町村（第六条第一項の規定による予防接種については、都道府県又は市町村）」とあり、及び同条第二項中「市町村」とあるのは「都道府県」とする。

7　市町村長が行う特定接種は、予防接種法第六条第一項の規定による予防接種とみなして、同法（第二十六条及び第二十七条を除く。）の規定を適用する。この場合において、同法第十五条第一項中「当該市町村の区域内に居住する間に定期の予防接種等」とあるのは「その行う臨時の予防接種」と、「当該定期の予防接種等」とあるのは「当該予防接種」と、同法第二十五条第一項中「市町村（第六条第一項の規定による予防接種については、都道府県又は市町村）」とあるのは「市町村」とする。

（停留を行うための施設の使用）

第二十九条　厚生労働大臣は、外国において新型インフルエンザ等が発生した場合には、発生国（新型インフルエンザ等の発生した外国をいう。以下この項において同じ。）における新型インフルエンザ等の発生及びまん延の状況並びに我が国における検疫所の設備の状況、検疫法（昭和二十六年法律第二百一号）第十四条第一項第二号に掲げる措置（第五項及び次条第一項において「停留」という。）をされるべき者の増加その他の事情を勘案し、検疫を適切に行うため必要があると認めるときは、検疫港（同法第三条に規定する検疫港をいう。第四項において同じ。）及び検疫飛行場（同法第三条に規定する検疫飛行場をいう。第四項において同じ。）のうち、発生国を発航し、又は発生国に寄航して来航しようとする船舶又は航空機（当該船舶又は航空機の内部に発生国内の地点から乗り込んだ者がいるものに限る。第四項及び次条第二項において「特定船舶等」という。）に係る検疫を行うべきもの（以下この条において「特定検疫港等」という。）を定めることができる。

2　厚生労働大臣は、特定検疫港等を定めようとするときは、国土交通大臣に協議するものとする。

３　厚生労働大臣は、特定検疫港等を定めたときは、遅滞なく、これを告示するものとする。

４　検疫所長は、特定検疫港等以外の検疫港又は検疫飛行場に、特定船舶等が来航したときは、特定検疫港等に回航すべき旨を指示するものとする。

５　特定検疫港等において検疫を行う検疫所長（第七十一条第一項において「特定検疫所長」という。）は、特定検疫港等において検疫をされるべき者が増加し、停留を行うための施設の不足により停留を行うことが困難であると認められる場合において、検疫を適切に行うため必要があると認めるときであって、病院若しくは診療所若しくは宿泊施設（特定検疫港等の周辺の区域であって、特定検疫港等からの距離その他の事情を勘案して厚生労働大臣が指定する区域内に存するものに限る。以下この項において「特定病院等」という。）の管理者が正当な理由がないのに検疫法第十六条第二項（同法第三十四条において準用する場合を含む。以下この項において同じ。）若しくは第三十四条の四第一項の規定による委託を受けず、若しくは同法第十六条第二項の同意をしないとき、又は当該特定病院等の管理者の所在が不明であるため同項若しくは同法第三十四条の四第一項の規定による委託をできず、若しくは同法第十六条第二項の同意を求めることができないときは、同項又は同法第三十四条の四第一項の規定にかかわらず、同法第十六条第二項若しくは第三十四条の四第一項の規定による委託をせず、又は同法第十六条第二項の同意を得ないで、当該特定病院等を使用することができる。

6　第二項及び第三項の規定は、特定検疫港等の変更について準用する。

（運航の制限の要請等）

第三十条　厚生労働大臣は、前条の規定による措置を講じても停留を行うことが著しく困難であると認められ、新型インフルエンザ等の病原体が船舶又は航空機を介して国内に侵入することを防止できないおそれがあるときは、政府対策本部長に対し、その旨を報告しなければならない。

2　政府対策本部長は、前項の規定による報告を踏まえ、新型インフルエンザ等の国内における発生を防止し、国民の生命及び健康に対する著しく重大な被害の発生並びに国民生活及び国民経済の混乱を回避するため緊急の必要があると認めるときは、国際的な連携を確保しつつ、特定船舶等の運航を行う事業者に対し、当該特定船舶等の来航を制限するよう要請することができる。

３　政府対策本部長は、前項の規定による要請をしたときは、遅滞なく、その旨を公表しなければならない。

（医療等の実施の要請等）

第三十一条　都道府県知事は、新型インフルエンザ等の患者又は新型インフルエンザ等にかかっていると疑うに足りる正当な理由のある者（以下「患者等」という。）に対する医療の提供を行うため必要があると認めるときは、医師、看護師その他の政令で定める医療関係者（以下「医療関係者」という。）に対し、その場所及び期間その他の必要な事項を示して、当該患者等に対する医療を行うよう要請することができる。

２　厚生労働大臣及び都道府県知事は、特定接種を行うため必要があると認めるときは、医療関係者に対し、その場所及び期間その他の必要な事項を示して、当該特定接種の実施に関し必要な協力の要請をすることができる。

３　医療関係者が正当な理由がないのに前二項の規定による要請に応じないときは、厚生労働大臣及び都道府県知事は、患者等に対する医療又は特定接種（以下この条及び第六十二条第二項において「患者等に対する医療等」という。）を行うため特に必要があると認めるときに限り、当該医療関係者に対し、患者等に対する医療等を行うべきことを指示することができる。この場合においては、前二項の事項を書面で示さなければならない。

４　厚生労働大臣及び都道府県知事は、前三項の規定により医療関係者に患者等に対する医療等を行うことを要請し、又は患者等に対する医療等を行うべきことを指示するときは、当該医療関係者の生命及び健康の確保に関し十分に配慮し、危険が及ばないよう必要な措置を講じなければならない。

５　市町村長は、特定接種を行うため必要があると認めるときは、都道府県知事に対し、第二項又は第三項の規定による要請又は指示を行うよう求めることができる。

第四章　新型インフルエンザ等緊急事態措置

第一節　通則

（新型インフルエンザ等緊急事態宣言等）

第三十二条　政府対策本部長は、新型インフルエンザ等（国民の生命及び健康に著しく重大な被害を与えるおそれがあるものとして政令で定める要件に該当するものに限る。以下この章において同じ。）が国内で発生し、その全国的かつ急速なまん延により国民生活及び国民経済に甚大な影響を及ぼし、又はそのおそれがあるものとして政令で定める要件に該当する事態（以下「新型インフルエンザ等緊急事態」という。）が発生したと認めるときは、新型インフルエンザ等緊急事態が発生した旨及び次に掲げる事項の公示（第五項及び第三十四条第一項において「新型インフルエンザ等緊急事態宣言」という。）をし、並びにその旨及び当該事項を国会に報告するものとする。

一　新型インフルエンザ等緊急事態措置を実施すべき期間

二　新型インフルエンザ等緊急事態措置（第四十六条の規定による措置を除く。）を実施すべき区域

三　新型インフルエンザ等緊急事態の概要

２　前項第一号に掲げる期間は、二年を超えてはならない。

３　政府対策本部長は、新型インフルエンザ等のまん延の状況並びに国民生活及び国民経済の状況を勘案して第一項第一号に掲げる期間を延長し、又は同項第二号に掲げる区域を変更することが必要であると認めるときは、当該期間を延長する旨又は当該区域を変更する旨の公示をし、及びこれを国会に報告するものとする。

４　前項の規定により延長する期間は、一年を超えてはならない。

５　政府対策本部長は、新型インフルエンザ等緊急事態宣言をした後、新型インフルエンザ等緊急事態措置を実施する必要がなくなったと認めるときは、速やかに、新型インフルエンザ等緊急事態解除宣言（新型インフルエンザ等緊急事態が終了した旨の公示をいう。）をし、及び国会に報告するものとする。

６　政府対策本部長は、第一項又は第三項の公示をしたときは、基本的対処方針を変更し、第十八条第二項第三号に掲げる事項として当該公示の後に必要とされる新型インフルエンザ等緊急事態措置の実施に関する重要な事項を定めなければならない。

（政府対策本部長及び都道府県対策本部長の指示）

第三十三条　政府対策本部長は、新型インフルエンザ等緊急事態において、第二十条第一項の総合調整に基づく所要の措置が実施されない場合であって、新型インフルエンザ等対策を的確かつ迅速に実施するため特に必要があると認めるときは、その必要な限度において、指定行政機関の長及び指定地方行政機関の長並びに第十九条の規定により権限を委任された当該指定行政機関の職員及び当該指定地方行政機関の職員、都道府県知事等並びに指定公共機関に対し、必要な指示をすることができる。この場合においては、第二十条第三項及び第四項の規定を準用する。

２　都道府県対策本部長は、新型インフルエンザ等緊急事態において、第二十四条第一項の総合調整に基づく所要の措置が実施されない場合であって、当該都道府県の区域に係る新型インフルエンザ等対策を的確かつ迅速に実施するため特に必要があると認めるときは、その必要な限度において、関係市町村長等並びに指定公共機関及び指定地方公共機関に対し、必要な指示をすることができる。

（市町村対策本部の設置及び所掌事務）

第三十四条　新型インフルエンザ等緊急事態宣言がされたときは、市町村長は、市町村行動計画で定めるところにより、直ちに、市町村対策本部を設置しなければならない。

２　市町村対策本部は、当該市町村が実施する当該市町村の区域に係る新型インフルエンザ等対策の総合的な推進に関する事務をつかさどる。

（市町村対策本部の組織）

第三十五条　市町村対策本部の長は、市町村対策本部長とし、市町村長をもって充てる。

２　市町村対策本部に本部員を置き、次に掲げる者をもって充てる。

一　副市町村長

二　市町村教育委員会の教育長

三　当該市町村の区域を管轄する消防長又はその指名する消防吏員（消防本部を置かない市町村にあっては、消防団長）

四　前三号に掲げる者のほか、市町村長が当該市町村の職員のうちから任命する者

３　市町村対策本部に副本部長を置き、前項の本部員のうちから、市町村長が指名する。

4　市町村対策本部長は、必要があると認めるときは、国の職員その他当該市町村の職員以外の者を市町村対策本部の会議に出席させることができる。

（市町村対策本部長の権限）

第三十六条　市町村対策本部長は、当該市町村の区域に係る新型インフルエンザ等緊急事態措置を的確かつ迅速に実施するため必要があると認めるときは、当該市町村が実施する当該市町村の区域に係る新型インフルエンザ等緊急事態措置に関する総合調整を行うことができる。

2　市町村対策本部長は、特に必要があると認めるときは、都道府県対策本部長に対し、都道府県並びに指定公共機関及び指定地方公共機関が実施する新型インフルエンザ等緊急事態措置に関する総合調整を行うよう要請することができる。この場合において、都道府県対策本部長は、必要があると認めるときは、所要の総合調整を行わなければならない。

３　市町村対策本部長は、特に必要があると認めるときは、都道府県対策本部長に対し、指定行政機関及び指定公共機関が実施する新型インフルエンザ等緊急事態措置に関する第二十四条第四項の規定による要請を行うよう求めることができる。

４　市町村対策本部長は、第一項の総合調整を行うため必要があると認めるときは、都道府県対策本部長に対し、当該市町村の区域に係る新型インフルエンザ等緊急事態措置の実施に関し必要な情報の提供を求めることができる。

５　市町村対策本部長は、第一項の総合調整を行うため必要があると認めるときは、当該総合調整の関係機関に対し、当該市町村の区域に係る新型インフルエンザ等緊急事態措置の実施の状況について報告又は資料の提出を求めることができる。

６　市町村対策本部長は、当該市町村の教育委員会に対し、当該市町村の区域に係る新型インフルエンザ等緊急事態措置を実施するため必要な限度において、必要な措置を講ずるよう求めることができる。

7　市町村対策本部長は、当該市町村の区域に係る新型インフルエンザ等緊急事態措置を的確かつ迅速に実施するため必要があると認めるときは、都道府県対策本部長に対し、当該都道府県の区域に係る新型インフルエンザ等緊急事態措置の実施に関し必要な要請をすることができる。

（準用）

第三十七条　第二十五条及び第二十六条の規定は、市町村対策本部について準用する。この場合において、第二十五条中「第二十一条第一項の規定により政府対策本部が廃止された」とあるのは「第三十二条第五項の公示がされた」と、「都道府県知事」とあるのは「市町村長」と、第二十六条中「第二十二条から前条まで及び第三十三条第二項」とあるのは「第三十四条から第三十六条まで及び第三十七条において読み替えて準用する第二十五条」と、「都道府県の」とあるのは「市町村の」と読み替えるものとする。

（特定都道府県知事による代行）

第三十八条　その区域の全部又は一部が第三十二条第一項第二号に掲げる区域内にある市町村（以下「特定市町村」という。）の長（以下

「特定市町村長」という。）は、新型インフルエンザ等のまん延により特定市町村がその全部又は大部分の事務を行うことができなくなったと認めるときは、当該特定市町村の属する都道府県（以下「特定都道府県」という。）の知事（以下「特定都道府県知事」という。）に対し、当該特定市町村長が実施すべき当該特定市町村の区域に係る新型インフルエンザ等緊急事態措置の全部又は一部の実施を要請することができる。

２　特定都道府県知事は、当該特定都道府県の区域内の特定市町村長から前項の規定による要請を受けたときは、当該特定市町村長が実施すべき当該特定市町村の区域に係る新型インフルエンザ等緊急事態措置の全部又は一部を当該特定市町村長に代わって実施しなければならない。

３　特定都道府県知事は、前項の規定により特定市町村長の事務の代行を開始し、又は終了したときは、その旨を公示しなければならない。

４　第二項の規定による特定都道府県知事の代行に関し必要な事項は、政令で定める。

（他の地方公共団体の長等に対する応援の要求）

第三十九条　特定都道府県の知事その他の執行機関（以下「特定都道府県知事等」という。）は、当該特定都道府県の区域に係る新型インフルエンザ等緊急事態措置を実施するため必要があると認めるときは、他の都道府県知事等に対し、応援を求めることができる。

２　特定市町村の長その他の執行機関（以下「特定市町村長等」という。）は、当該特定市町村の区域に係る新型インフルエンザ等緊急事態措置を実施するため必要があると認めるときは、他の市町村の長その他の執行機関に対し、応援を求めることができる。

３　前二項の応援に従事する者は、新型インフルエンザ等緊急事態措置の実施については、当該応援を求めた特定都道府県知事等又は特定市町村長等の指揮の下に行動するものとする。この場合において、警察官にあっては、当該応援を求めた特定都道府県の公安委員会の管理の下にその職権を行うものとする。

第四十条　特定市町村長等は、当該特定市町村の区域に係る新型インフルエンザ等緊急事態措置を実施するため必要があると認めるときは、特定都道府県知事等に対し、応援を求めることができる。この場合において、応援を求められた特定都道府県知事等は、正当な理由がない限り、応援を拒んではならない。

（事務の委託の手続の特例）

第四十一条　特定市町村は、当該特定市町村の区域に係る新型インフルエンザ等緊急事態措置を実施するため必要があると認めるときは、地方自治法第二百五十二条の十四及び第二百五十二条の十五の規定にかかわらず、政令で定めるところにより、その事務又は特定市町村長等の権限に属する事務の一部を他の地方公共団体に委託して、当該他の地方公共団体の長等にこれを管理し、及び執行させることができる。

（職員の派遣の要請）

第四十二条　特定都道府県知事等又は特定市町村長等は、新型インフルエンザ等緊急事態措置の実施のため必要があるときは、政令で定めるところにより、指定行政機関の長若しくは指定地方行政機関の長又は特定指定公共機関（指定公共機関である行政執行法人（独立行政法人通則法第二条第四項に規定する行政執行法人をいう。）をいう。以下この項及び次条において同じ。）に対し、当該指定行政機関若しくは指定地方行政機関又は特定指定公共機関の職員の派遣を要請することができる。

２　その区域の全部又は一部が第三十二条第一項第二号に掲げる区域内にある地方公共団体の委員会及び委員は、前項の規定により職員の派遣を要請しようとするときは、あらかじめ、当該地方公共団体の長に協議しなければならない。

３　特定市町村長等が第一項の規定による職員の派遣を要請するときは、特定都道府県知事等を経由してするものとする。ただし、人命の保護のために特に緊急を要する場合については、この限りでない。

（職員の派遣義務）

第四十三条　指定行政機関の長及び指定地方行政機関の長、地方公共団体の長等並びに特定指定公共機関及び特定指定地方公共機関（指定地方公共機関である地方独立行政法人法第二条第二項に規定する特定地方独立行政法人をいう。）は、前条第一項の規定による要請又は地方自治法第二百五十二条の十七第一項若しくは地方独立行政法人法第百二十四条第一項の規定による求めがあったときは、その所掌事務又は業務の遂行に著しい支障のない限り、適任と認める職員を派遣しなければならない。

（職員の身分取扱い）

第四十四条　災害対策基本法第三十二条の規定は、前条の規定により新型インフルエンザ等緊急事態措置の実施のため派遣された職員の身分取扱いについて準用する。この場合において、同法第三十二条第一項中「災害派遣手当」とあるのは、「新型インフルエンザ等緊急事態派遣手当」と読み替えるものとする。第二節　まん延の防止に関する措置

（感染を防止するための協力要請等）

第四十五条　特定都道府県知事は、新型インフルエンザ等緊急事態において、新型インフルエンザ等のまん延を防止し、国民の生命及び健康を保護し、並びに国民生活及び国民経済の混乱を回避するため必要

があると認めるときは、当該特定都道府県の住民に対し、新型インフルエンザ等の潜伏期間及び治癒までの期間並びに発生の状況を考慮して当該特定都道府県知事が定める期間及び区域において、生活の維持に必要な場合を除きみだりに当該者の居宅又はこれに相当する場所から外出しないことその他の新型インフルエンザ等の感染の防止に必要な協力を要請することができる。

２　特定都道府県知事は、新型インフルエンザ等緊急事態において、新型インフルエンザ等のまん延を防止し、国民の生命及び健康を保護し、並びに国民生活及び国民経済の混乱を回避するため必要があると認めるときは、新型インフルエンザ等の潜伏期間及び治癒までの期間を考慮して当該特定都道府県知事が定める期間において、学校、社会福祉施設（通所又は短期間の入所により利用されるものに限る。）、興行場（興行場法（昭和二十三年法律第百三十七号）第一条第一項に規定する興行場をいう。）その他の政令で定める多数の者が利用する施設を管理する者又は当該施設を使用して催物を開催する者（次項において「施設管理者等」という。）に対し、当該施設の使用の制限若しくは停止又は催物の開催の制限若しくは停止その他政令で定める措置を講ずるよう要請することができる。

３　施設管理者等が正当な理由がないのに前項の規定による要請に応じないときは、特定都道府県知事は、新型インフルエンザ等のまん延を防止し、国民の生命及び健康を保護し、並びに国民生活及び国民経済の混乱を回避するため特に必要があると認めるときに限り、当該施設管理者等に対し、当該要請に係る措置を講ずべきことを指示することができる。

４　特定都道府県知事は、第二項の規定による要請又は前項の規定による指示をしたときは、遅滞なく、その旨を公表しなければならない。

（住民に対する予防接種）

第四十六条　政府対策本部は、新型インフルエンザ等緊急事態において、新型インフルエンザ等が国民の生命及び健康に著しく重大な被害を与え、国民生活及び国民経済の安定が損なわれることのないようにするため緊急の必要があると認めるときは、基本的対処方針を変更し、第十八条第二項第三号に掲げる重要事項として、予防接種法第六条第一項の規定による予防接種の対象者及び期間を定めるものとする。

2　前項の規定により予防接種法第六条第一項の規定による予防接種の対象者を定めるに当たっては、新型インフルエンザ等が国民の生命及び健康に及ぼす影響並びに国民生活及び国民経済に及ぼす長期的な影響を考慮するものとする。

3　第一項の規定により基本的対処方針において予防接種法第六条第一項の規定による予防接種の対象者及び期間が定められた場合における同法の規定の適用については、同項中「都道府県知事」とあるのは「市町村長」と、「行い、又は市町村長に行うよう指示する」とあるのは「行う」と、同条第二項中「都道府県知事」とあるのは「都道府県知事を通じ市町村長」と、同法第二十五条第一項中「市町村（第六条第一項の規定による予防接種については、都道府県又は市町村）」とあるのは「市町村」とする。

4　前項に規定する場合においては、予防接種法第二十六条及び第二十七条の規定は、適用しない。

５　市町村長は、第三項の規定により読み替えて適用する予防接種法第六条第一項の規定による予防接種の円滑な実施のため必要があると認めるときは、指定行政機関の長及び都道府県知事に対して、物資の確保その他の必要な協力を求めることができる。この場合において、協力を求められた指定行政機関の長及び都道府県知事は、正当な理由がない限り、協力を拒んではならない。

６　第三十一条第二項から第五項までの規定は、第三項の規定により読み替えて適用する予防接種法第六条第一項の規定による予防接種について準用する。この場合において、第三十一条第二項から第四項までの規定中「厚生労働大臣及び都道府県知事」とあるのは、「都道府県知事」と読み替えるものとする。

第三節　医療等の提供体制の確保に関する措置

（医療等の確保）

第四十七条　病院その他の医療機関又は医薬品等製造販売業者（医薬品、医療機器等の品質、有効性及び安全性の確保等に関する法律第十二条第一項の許可（医薬品の製造販売業に係るものに限る。）又は同法第二十三条の二第一項若しくは第二十三条の二十第一項の許可を受けた者をいう。）、医薬品等製造業者（同法第十三条第一項の許可（医薬品の製造業に係るものに限る。）、同法第二十三条の二の三第一項の登録又は同法第二十三条の二十二第一項の許可を受けた者をいう。）若しくは医薬品等販売業者（同法第二十四条第一項の許可、同法第三十九条第一項の許可（同項に規定する高度管理医療機器等の販売業に係るものに限る。）又は同法第四十条の五第一項の許可を受けた者をいう。第五十四条第二項において同じ。）である指定公共機関及び指定地方公共機関は、新型インフルエンザ等緊急事態において、それぞれその業務計画で定めるところにより、医療又は医薬品、医療機器若しくは再生医療等製品の製造若しくは販売を確保するため必要な措置を講じなければならない。

（臨時の医療施設等）

第四十八条　特定都道府県知事は、当該特定都道府県の区域内において病院その他の医療機関が不足し、医療の提供に支障が生ずると認める場合には、その都道府県行動計画で定めるところにより、患者等に対する医療の提供を行うための施設（第四項において「医療施設」という。）であって特定都道府県知事が臨時に開設するもの（以下この条及び次条において「臨時の医療施設」という。）において医療を提供しなければならない。

２　特定都道府県知事は、必要があると認めるときは、政令で定めるところにより、前項の措置の実施に関する事務の一部を特定市町村長が行うこととすることができる。

３　消防法（昭和二十三年法律第百八十六号）第十七条第一項及び第二項の規定は、臨時の医療施設については、適用しない。この場合において、特定都道府県知事は、同法に準拠して、臨時の医療施設についての消防の用に供する設備、消防用水及び消火活動上必要な施設の設置及び維持に関する基準を定め、その他当該臨時の医療施設における災害を防止し、及び公共の安全を確保するため必要な措置を講じなければならない。

４　建築基準法（昭和二十五年法律第二百一号）第八十五条第一項本文、第三項及び第四項並びに景観法（平成十六年法律第百十号）第七十七条第一項、第三項及び第四項の規定は特定都道府県知事が行う医療施設の応急の修繕及び臨時の医療施設の建築について、建築基準法

第八十七条の三第一項本文、第三項及び第四項の規定は特定都道府県知事が建築物の用途を変更して臨時の医療施設として使用する場合における当該臨時の医療施設について、それぞれ準用する。この場合において、同法第八十五条第一項中「非常災害があつた」とあるのは「新型インフルエンザ等対策特別措置法（平成二十四年法律第三十一号）第三十二条第一項の規定により新型インフルエンザ等緊急事態宣言がされた」と、「非常災害区域等（非常災害が発生した区域又はこれに隣接する区域で特定行政庁が指定するものをいう。第八十七条の三第一項において同じ。）」とあるのは「同項第二号に掲げる区域」と、同項及び同法第八十七条の三第一項中「その災害が発生した日」とあるのは「当該新型インフルエンザ等緊急事態宣言がされた日」と、同項中「非常災害があつた」とあるのは「新型インフルエンザ等対策特別措置法第三十二条第一項の規定により新型インフルエンザ等緊急事態宣言がされた」と、「非常災害区域等」とあるのは「同項第二号に掲げる区域」と、景観法第七十七条第一項中「非常災害があつた」とあるのは「新型インフルエンザ等対策特別措置法（平成二十四年法律第三十一号）第三十二条第一項の規定により新型インフルエンザ等緊急事態宣言がされた」と、「その発生した区域又はこれに隣接する区域で市町村長が指定するものの」とあるのは「同項第二号に掲げる区域」と、「その災害が発生した日」とあるのは「当該新型インフルエンザ等緊急事態宣言がされた日」と読み替えるものとする。

５　医療法（昭和二十三年法律第二百五号）第四章の規定は、臨時の医療施設については、適用しない。

６　特定都道府県の区域内において病院を開設した者又は医療法第七条第一項に規定する臨床研修等修了医師及び臨床研修等修了歯科医師でない者で特定都道府県の区域内において診療所を開設したものが、新型インフルエンザ等緊急事態における医療の提供を行うことを目的として、病床数その他同条第二項の厚生労働省令で定める事項を変更しようとする場合については、当該医療の提供を行う期間（六月以内の期間に限る。）に限り、同項の規定は、適用しない。

７　前項の場合において、同項に規定する者は、当該医療の提供を開始した日から起算して十日以内に、当該病院又は診療所の所在地の特定都道府県知事（診療所の所在地が保健所を設置する市又は特別区の区域にある場合においては、当該保健所を設置する市の市長又は特別区の区長）に当該変更の内容を届け出なければならない。

（土地等の使用）

第四十九条　特定都道府県知事は、当該特定都道府県の区域に係る新型インフルエンザ等緊急事態措置の実施に当たり、臨時の医療施設を開設するため、土地、家屋又は物資（以下この条及び第七十二条第一項において「土地等」という。）を使用する必要があると認めるときは、当該土地等の所有者及び占有者の同意を得て、当該土地等を使用することができる。

２　前項の場合において土地等の所有者若しくは占有者が正当な理由がないのに同意をしないとき、又は土地等の所有者若しくは占有者の所在が不明であるため同項の同意を求めることができないときは、特定都道府県知事は、臨時の医療施設を開設するため特に必要があると認めるときに限り、同項の規定にかかわらず、同意を得ないで、当該土地等を使用することができる。

第四節　国民生活及び国民経済の安定に関する措置

（物資及び資材の供給の要請）

第五十条　特定都道府県知事又は特定市町村長は、新型インフルエンザ等緊急事態において、新型インフルエンザ等緊急事態措置の実施に当たって、その備蓄する物資又は資材が不足し、新型インフルエンザ等緊急事態措置を的確かつ迅速に実施することが困難であると認めるときは、特定都道府県知事にあっては指定行政機関の長又は指定地方行政機関の長に対し、特定市町村長にあっては特定都道府県知事に対し、それぞれ必要な物資又は資材の供給について必要な措置を講ずるよう要請することができる。

（備蓄物資等の供給に関する相互協力）

第五十一条　指定行政機関の長等は、新型インフルエンザ等緊急事態において、その備蓄する物資及び資材の供給に関し、相互に協力するよう努めなければならない。

（電気及びガス並びに水の安定的な供給）

第五十二条　電気事業者（電気事業法（昭和三十九年法律第百七十号）第二条第一項第十七号に規定する電気事業者をいう。）及びガス事業者（ガス事業法（昭和二十九年法律第五十一号）第二条第十二項に規定するガス事業者をいう。）である指定公共機関及び指定地方公共機関は、新型インフルエンザ等緊急事態において、それぞれその業務計画で定めるところにより、電気及びガスを安定的かつ適切に供給するため必要な措置を講じなければならない。

２　水道事業者（水道法（昭和三十二年法律第百七十七号）第三条第五項に規定する水道事業者をいう。）、水道用水供給事業者（同項に規定する水道用水供給事業者をいう。）及び工業用水道事業者（工業用水道事業法（昭和三十三年法律第八十四号）第二条第五項に規定する工業用水道事業者をいう。）である地方公共団体及び指定地方公共機関は、新型インフルエンザ等緊急事態において、それぞれその都道府県行動計画、市町村行動計画又は業務計画で定めるところにより、水を安定的かつ適切に供給するため必要な措置を講じなければならない。

（運送、通信及び郵便等の確保）

第五十三条　運送事業者である指定公共機関及び指定地方公共機関は、新型インフルエンザ等緊急事態において、それぞれその業務計画で定めるところにより、旅客及び貨物の運送を適切に実施するため必要な措置を講じなければならない。

２　電気通信事業者（電気通信事業法（昭和五十九年法律第八十六号）第二条第五号に規定する電気通信事業者をいう。）である指定公共機関及び指定地方公共機関は、新型インフルエンザ等緊急事態において、それぞれその業務計画で定めるところにより、通信を確保し、及び新型インフルエンザ等緊急事態措置の実施に必要な通信を優先的に取り扱うため必要な措置を講じなければならない。

３　郵便事業を営む者及び一般信書便事業者（民間事業者による信書の送達に関する法律（平成十四年法律第九十九号）第二条第六項に規定する一般信書便事業者をいう。）である指定公共機関及び指定地方公共機関は、新型インフルエンザ等緊急事態において、それぞれその業務計画で定めるところにより、郵便及び信書便を確保するため必要な措置を講じなければならない。

（緊急物資の運送等）

第五十四条　指定行政機関の長若しくは指定地方行政機関の長又は特定都道府県知事は、新型インフルエンザ等緊急事態措置の実施のため緊急の必要があると認めるときは、指定行政機関の長及び指定地方行政機関の長にあっては運送事業者である指定公共機関に対し、特定都道府県知事にあっては運送事業者である指定公共機関又は指定地方公共機関に対し、運送すべき物資並びに運送すべき場所及び期日を示して、新型インフルエンザ等緊急事態措置の実施に必要な物資及び資材（第三項において「緊急物資」という。）の運送を要請することができる。

２　指定行政機関の長若しくは指定地方行政機関の長又は特定都道府県知事は、新型インフルエンザ等緊急事態措置の実施のため緊急の必要があると認めるときは、指定行政機関の長及び指定地方行政機関の長にあっては医薬品等販売業者である指定公共機関に対し、特定都道府県知事にあっては医薬品等販売業者である指定公共機関又は指定地方公共機関に対し、配送すべき医薬品、医療機器又は再生医療等製品並びに配送すべき場所及び期日を示して、新型インフルエンザ等緊急事態措置の実施に必要な医薬品、医療機器又は再生医療等製品の配送を要請することができる。

３　指定公共機関又は指定地方公共機関が正当な理由がないのに前二項の規定による要請に応じないときは、指定行政機関の長若しくは指定地方行政機関の長又は特定都道府県知事は、新型インフルエンザ等緊急事態措置の実施のため特に必要があると認めるときに限り、当該指定公共機関又は指定地方公共機関に対し、緊急物資の運送又は医薬品、医療機器若しくは再生医療等製品の配送を行うべきことを指示することができる。この場合においては、前二項の事項を書面で示さなければならない。

（物資の売渡しの要請等）

第五十五条　特定都道府県知事は、新型インフルエンザ等緊急事態措置を実施するため必要があると認めるときは、新型インフルエンザ等緊急事態措置の実施に必要な物資（医薬品、食品その他の政令で定める物資に限る。）であって生産、集荷、販売、配給、保管又は輸送を業とする者が取り扱うもの（以下「特定物資」という。）について、その所有者に対し、当該特定物資の売渡しを要請することができる。

２　特定物資の所有者が正当な理由がないのに前項の規定による要請に応じないときは、特定都道府県知事は、新型インフルエンザ等緊急事態措置を実施するため特に必要があると認めるときに限り、当該特定物資を収用することができる。

３　特定都道府県知事は、新型インフルエンザ等緊急事態措置を実施するに当たり、特定物資を確保するため緊急の必要があると認めるときは、当該特定物資の生産、集荷、販売、配給、保管又は輸送を業とする者に対し、その取り扱う特定物資の保管を命ずることができる。

４　指定行政機関の長又は指定地方行政機関の長は、特定都道府県知事の行う新型インフルエンザ等緊急事態措置を支援するため緊急の必要があると認めるとき、又は特定都道府県知事から要請があったときは、自ら前三項の規定による措置を行うことができる。

（埋葬及び火葬の特例等）

第五十六条　厚生労働大臣は、新型インフルエンザ等緊急事態において、埋葬又は火葬を円滑に行うことが困難となった場合において、公衆衛生上の危害の発生を防止するため緊急の必要があると認めるときは、政令で定めるところにより、厚生労働大臣の定める期間に限り、墓地、埋葬等に関する法律（昭和二十三年法律第四十八号）第五条及び第十四条に規定する手続の特例を定めることができる。

２　特定都道府県知事は、埋葬又は火葬を行おうとする者が埋葬又は火葬を行うことが困難な場合において、公衆衛生上の危害の発生を防止するため緊急の必要があると認めるときは、厚生労働大臣の定めるところにより、埋葬又は火葬を行わなければならない。

３　特定都道府県知事は、埋葬又は火葬を迅速に行うため必要があると認めるときは、政令で定めるところにより、前項の措置の実施に関する事務の一部を特定市町村長が行うこととすることができる。

（新型インフルエンザ等の患者等の権利利益の保全等）

第五十七条　特定非常災害の被害者の権利利益の保全等を図るための特別措置に関する法律（平成八年法律第八十五号）第二条から第五条まで及び第七条の規定は、新型インフルエンザ等緊急事態（新型インフルエンザ等が全国的かつ急速にまん延し、国民生活及び国民経済に甚大な影響を及ぼしている場合に限る。）について準用する。この場合において、同法第二条の見出し中「特定非常災害」とあるのは「特定新型インフルエンザ等緊急事態」と、同条第一項中「非常災害の被害者」とあるのは「新型インフルエンザ等のまん延の影響を受けた者」と、「法人の存立、当該非常災害により相続の承認若しくは放棄をすべきか否かの判断を的確に行うことが困難となった者の保護、」とあるのは「法人の存立若しくは」と、「解決若しくは当該非常災害に係る応急仮設住宅の入居者の居住の安定」とあるのは「解決」と、「特定非常災害として」とあるのは「特定新型インフルエンザ等緊急事態として」と、「特定非常災害が」とあるのは「特定新型インフルエンザ等緊急事態が」と、同項並びに同法第三条第一項、第四条第一項、第五条第一項及び第五項並びに第七条中「特定非常災害発生日」とあるのは「特定新型インフルエンザ等緊急事態発生日」と、同法第二条第二項、第四条第一項及び第二項、第五条第一項並びに第七条中「特定非常災害に」とあるのは「特定新型インフルエンザ等緊急事態に」と、同法第三条第一項及び第三項中「特定非常災害の被害者」とあるのは「特定新型インフルエンザ等緊急事態における新型インフルエンザ等のまん延の影響を受けた者」と読み替えるものとする。

（金銭債務の支払猶予等）

第五十八条　内閣は、新型インフルエンザ等緊急事態において、新型インフルエンザ等の急速かつ広範囲なまん延により経済活動が著しく停滞し、かつ、国の経済の秩序を維持し及び公共の福祉を確保するため緊急の必要がある場合において、国会が閉会中又は衆議院が解散中であり、かつ、臨時会の召集を決定し、又は参議院の緊急集会を求めてその措置を待ついとまがないときは、金銭債務の支払（賃金その他の労働関係に基づく金銭債務の支払及びその支払のためにする銀行その他の金融機関の預金等の支払を除く。）の延期及び権利の保存期間の延長について必要な措置を講ずるため、政令を制定することができる。

２　災害対策基本法第百九条第三項から第七項までの規定は、前項の場合について準用する。

（生活関連物資等の価格の安定等）

第五十九条　指定行政機関の長及び指定地方行政機関の長並びに地方公共団体の長は、新型インフルエンザ等緊急事態において、国民生活との関連性が高い物資若しくは役務又は国民経済上重要な物資若しくは役務の価格の高騰又は供給不足が生じ、又は生ずるおそれがあるときは、政府行動計画、都道府県行動計画又は市町村行動計画で定めるところにより、生活関連物資等の買占め及び売惜しみに対する緊急措置に関する法律（昭和四十八年法律第四十八号）、国民生活安定緊急措置法（昭和四十八年法律第百二十一号）、物価統制令（昭和二十一年勅令第百十八号）その他法令の規定に基づく措置その他適切な措置を講じなければならない。

（新型インフルエンザ等緊急事態に関する融資）

第六十条　政府関係金融機関その他これに準ずる政令で定める金融機関は、新型インフルエンザ等緊急事態において、新型インフルエンザ等緊急事態に関する特別な金融を行い、償還期限又は据置期間の延長、旧債の借換え、必要がある場合における利率の低減その他実情に応じ適切な措置を講ずるよう努めるものとする。

（通貨及び金融の安定）

第六十一条　日本銀行は、新型インフルエンザ等緊急事態において、その業務計画で定めるところにより、銀行券の発行並びに通貨及び金融の調節を行うとともに、銀行その他の金融機関の間で行われる資金決済の円滑の確保を通じ、信用秩序の維持に資するため必要な措置を講じなければならない。

第五章　財政上の措置等

（損失補償等）

第六十二条　国及び都道府県は、第二十九条第五項、第四十九条又は第五十五条第二項、第三項若しくは第四項（同条第一項に係る部分を除く。）の規定による処分が行われたときは、それぞれ、当該処分により通常生ずべき損失を補償しなければならない。

２　国及び都道府県は、第三十一条第一項若しくは第二項（第四十六条第六項において読み替えて準用する場合を含む。）の規定による要請に応じ、又は第三十一条第三項（第四十六条第六項において読み替えて準用する場合を含む。）の規定による指示に従って患者等に対する医療等を行う医療関係者に対して、政令で定める基準に従い、その実費を弁償しなければならない。

３　前二項の規定の実施に関し必要な手続は、政令で定める。

（損害補償）

第六十三条　都道府県は、第三十一条第一項の規定による要請に応じ、又は同条第三項の規定による指示に従って患者等に対する医療の提供を行う医療関係者が、そのため死亡し、負傷し、若しくは疾病にかかり、又は障害の状態となったときは、政令で定めるところにより、その者又はその者の遺族若しくは被扶養者がこれらの原因によって受ける損害を補償しなければならない。

２　前項の規定の実施に関し必要な手続は、政令で定める。

（医薬品等の譲渡等の特例）

第六十四条　厚生労働大臣は、新型インフルエンザ等のまん延を防止し、国民生活及び国民経済の混乱を回避するため必要があると認めるときは、厚生労働省令で定めるところにより、新型インフルエンザ等対策の実施に必要な医薬品その他の物資を無償又は時価よりも低い対価で譲渡し、貸し付け、又は使用させることができる。

（新型インフルエンザ等緊急事態措置等に要する費用の支弁）

第六十五条　法令に特別の定めがある場合を除き、新型インフルエンザ等緊急事態措置その他この法律の規定に基づいて実施する措置に要する費用は、その実施について責任を有する者が支弁する。

（特定都道府県知事が特定市町村長の措置を代行した場合の費用の支弁）

第六十六条　第三十八条第二項の規定により特定都道府県知事が特定市町村の新型インフルエンザ等緊急事態措置を代行した場合において、当該特定市町村がその全部又は大部分の事務を行うことができなくなる前に当該特定市町村の長が実施した新型インフルエンザ等緊急事態措置のために通常要する費用で、当該特定市町村に支弁させることが困難であると認められるものについては、当該特定市町村の属する特定都道府県が支弁する。

（他の地方公共団体の長等の応援に要する費用の支弁）

第六十七条　第三十九条第一項若しくは第二項又は第四十条の規定により他の地方公共団体の長等の応援を受けた特定都道府県知事等の属する特定都道府県又は当該応援を受けた特定市町村長等の属する特定市町村は、当該応援に要した費用を支弁しなければならない。

２　前項の場合において、当該応援を受けた特定都道府県知事等の属する特定都道府県又は当該応援を受けた特定市町村長等の属する特定市町村が当該費用を支弁するいとまがないときは、当該特定都道府県又は当該特定市町村は、当該応援をする他の地方公共団体の長等が属する地方公共団体に対し、当該費用を一時的に立て替えて支弁するよう求めることができる。

（特定市町村長が特定都道府県知事の措置の実施に関する事務の一部を行う場合の費用の支弁）

第六十八条　特定都道府県は、特定都道府県知事が第四十八条第二項又は第五十六条第三項の規定によりその権限に属する措置の実施に関する事務の一部を特定市町村長が行うこととしたときは、当該特定市町村長による当該措置の実施に要する費用を支弁しなければならない。

２　特定都道府県知事は、第四十八条第二項若しくは第五十六条第三項の規定によりその権限に属する措置の実施に関する事務の一部を特定市町村長が行うこととしたとき、又は特定都道府県が当該措置の実施に要する費用を支弁するいとまがないときは、特定市町村に当該措置の実施に要する費用を一時的に立て替えて支弁させることができる。

（国等の負担）

第六十九条　国は、第六十五条の規定により都道府県が支弁する第四十八条第一項、第五十六条第二項、第六十二条第一項及び第二項並びに第六十三条第一項に規定する措置に要する費用に対して、政令で定めるところにより、次の各号に掲げる場合に応じ、それぞれ当該各号に定める額を負担する。

一　当該費用の総額が、第十五条第一項の規定により政府対策本部が設置された年の四月一日の属する会計年度（次号において「当該年度」という。）における当該都道府県の標準税収入（公共土木施設災害復旧事業費国庫負担法（昭和二十六年法律第九十七号）第二条第四項に規定する標準税収入をいう。次号において同じ。）の百分の二に相当する額以下の場合　当該費用の総額の百分の五十に相当する額

二　当該費用の総額が当該年度における当該都道府県の標準税収入の百分の二に相当する額を超える場合　イからハまでに掲げる額の合計額

イ　当該費用の総額のうち当該年度における当該都道府県の標準税収入の百分の二の部分の額の百分の五十に相当する額

ロ　当該費用の総額のうち当該年度における当該都道府県の標準税収入の百分の二を超え、百分の四以下の部分の額の百分の八十に相当する額

ハ　当該費用の総額のうち当該年度における当該都道府県の標準税収入の百分の四を超える部分の額の百分の九十に相当する額

2　前項の規定は、第四十六条第三項の規定により読み替えて適用する予防接種法第二十五条の規定により市町村が支弁する同項の規定により読み替えて適用する同法第六条第一項の規定による予防接種を行うために要する費用及び当該予防接種に係る同法第十五条第一項の規定による給付に要する費用について準用する。この場合において、前項中「当該都道府県」とあるのは「当該市町村」と、「百分の二」とあるのは「百分の一」と、同項第二号中「百分の四」とあるのは「百分の二」と読み替えるものとする。

3　都道府県は、第四十六条第三項の規定により読み替えて適用する予防接種法第二十五条の規定により市町村が支弁する費用の額から前項において読み替えて準用する第一項の規定により国が負担する額を控除した額に二分の一を乗じて得た額を負担する。

（新型インフルエンザ等緊急事態に対処するための国の財政上の措置）

第七十条　国は、前条に定めるもののほか、予防接種の実施その他新型インフルエンザ等緊急事態に対処するために地方公共団体が支弁する費用に対し、必要な財政上の措置を講ずるものとする。

第六章　雑則

（公用令書の交付）

第七十一条　第二十九条第五項、第四十九条第二項並びに第五十五条第二項、第三項及び第四項（同条第一項に係る部分を除く。）の規定による処分については、特定検疫所長、特定都道府県知事並びに指定行政機関の長及び指定地方行政機関の長は、政令で定めるところにより、それぞれ公用令書を交付して行わなければならない。ただし、土地の使用に際して公用令書を交付すべき相手方の所在が不明である場合その他の政令で定める場合にあっては、政令で定めるところにより事後に交付すれば足りる。

２　災害対策基本法第八十一条第二項及び第三項の規定は、前項の場合について準用する。

（立入検査等）

第七十二条　特定都道府県知事又は指定行政機関の長若しくは指定地方行政機関の長は、第四十九条の規定により土地等を使用し、又は第五十五条第二項若しくは第四項の規定により特定物資を収用し、若しくは同条第三項若しくは第四項の規定により特定物資の保管を命ずるため必要があるときは、その職員に当該土地若しくは家屋又は当該物資若しくは当該特定物資の所在する場所若しくは当該特定物資を保管させる場所に立ち入り、当該土地、家屋、物資又は特定物資の状況を検査させることができる。

２　特定都道府県知事又は指定行政機関の長若しくは指定地方行政機関の長は、第五十五条第三項又は第四項の規定により特定物資を保管させたときは、当該保管を命じた者に対し必要な報告を求め、又はその職員に当該特定物資を保管させてある場所に立ち入り、当該特定物資の保管の状況を検査させることができる。

３　前二項の規定により特定都道府県又は指定行政機関若しくは指定地方行政機関の職員が立ち入る場合においては、当該職員は、あらかじめ、その旨をその場所の管理者に通知しなければならない。

４　前項の場合において、その職員は、その身分を示す証明書を携帯し、関係人にこれを提示しなければならない。

５　第一項及び第二項の規定による立入検査の権限は、犯罪捜査のために認められたものと解してはならない。

（特別区についてのこの法律の適用）

第七十三条　この法律（第四十八条第七項を除く。）の適用については、特別区は、市とみなす。

（事務の区分）

第七十四条　この法律の規定により地方公共団体が処理することとされている事務（都道府県警察が処理することとされているものを除く。）は、地方自治法第二条第九項第一号に規定する第一号法定受託事務とする。

（政令への委任）

第七十五条　この法律に定めるもののほか、この法律の実施のための手続その他この法律の施行に関し必要な事項は、政令で定める。

第七章　罰則

第七十六条　第五十五条第三項の規定による特定都道府県知事の命令又は同条第四項の規定による指定行政機関の長若しくは指定地方行政機関の長の命令に従わず、特定物資を隠匿し、損壊し、廃棄し、又は搬出した者は、六月以下の懲役又は三十万円以下の罰金に処する。

第七十七条　第七十二条第一項若しくは第二項の規定による立入検査を拒み、妨げ、若しくは忌避し、又は同項の規定による報告をせず、若しくは虚偽の報告をした者は、三十万円以下の罰金に処する。

第七十八条　法人の代表者又は法人若しくは人の代理人、使用人その他の従業者が、その法人又は人の業務に関し、前二条の違反行為をしたときは、行為者を罰するほか、その法人又は人に対しても、各本条の罰金刑を科する。

附　則　抄

（施行期日）

第一条　この法律は、公布の日から起算して一年を超えない範囲内において政令で定める日から施行する。

（新型コロナウイルス感染症に関する特例）

第一条の二　新型コロナウイルス感染症（病原体がベータコロナウイルス属のコロナウイルス（令和二年一月に、中華人民共和国から世界保健機関に対して、人に伝染する能力を有することが新たに報告されたものに限る。）であるものに限る。第三項において同じ。）については、新型インフルエンザ等対策特別措置法の一部を改正する法律（令和二年法律第四号。同項において「改正法」という。）の施行の日から起算して二年を超えない範囲内において政令で定める日までの間は、第二条第一号に規定する新型インフルエンザ等とみなして、この法律及びこの法律に基づく命令（告示を含む。）の規定を適用する。

２　前項の場合におけるこの法律の規定の適用については、第十四条中「とき」とあるのは、「とき（新型コロナウイルス感染症（病原体がベータコロナウイルス属のコロナウイルス（令和二年一月に、中華人民共和国から世界保健機関に対して、人に伝染する能力を有することが新たに報告されたものに限る。）であるものに限る。）にあっては、そのまん延のおそれが高いと認めるとき）」とする。

３　前項に定めるもののほか、第一項の場合において、改正法の施行前に作成された政府行動計画、都道府県行動計画、市町村行動計画及び業務計画（以下この項において「行動計画等」という。）に定められていた新型インフルエンザ等に関する事項は、新型コロナウイルス感染症を含む新型インフルエンザ等に関する事項として行動計画等に定められているものとみなす。

（検討）

第二条　政府は、この法律の施行後適当な時期において、この法律の施行の状況を勘案し、必要があると認めるときは、この法律の規定について検討を加え、その結果に基づいて所要の措置を講ずるものとする。

附　則　（平成二五年三月三〇日法律第八号）　抄

（施行期日）

第一条　この法律は、平成二十五年四月一日から施行する。ただし、附則第六条及び第十九条の規定は、公布の日から施行する。

（政令への委任）

第十九条　この附則に定めるもののほか、この法律の施行に関し必要な経過措置は、政令で定める。

附　則　（平成二五年六月一四日法律第四四号）　抄

（施行期日）

第一条　この法律は、公布の日から施行する。ただし、次の各号に掲げる規定は、当該各号に定める日から施行する。

一　略

二　第一条、第五条、第七条（消防組織法第十五条の改正規定に限る。）、第九条、第十条、第十四条（地方独立行政法人法目次の改正規定（「第六章　移行型地方独立行政法人の設立に伴う措置（第五十九条―第六十七条）」を「第六章　移行型地方独立行政法人の設立に伴う措置（第五十九条―第六十七条）第六章の二　特定地方独立行政法人から一般地方独立行政法人への移行に伴う措置（第六十七条の二―第六十七条の七）」に改める部分に限る。）、同法第八条、第五十五条及び第五十九条第一項の改正規定並びに同法第六章の次に一章を加える改正規定を除く。）、第十五条、第二十二条（民生委員法第四条の改正規定に限る。）、第三十六条、第四十条（森林法第七十条第一項の改正規定に限る。）、第五十条（建設業法第二十五条の二第一項の改正規定に限る。）、第五十一条、第五十二条（建築基準法第七十九条第一項の改正規定に限る。）、第五十三条、第六十一条（都市計画法第七十八条第二項の改正規定に限る。）、第六十二条、第六十五条（国土利用計画法第十五条第二項の改正規定を除く。）及び第七十二条の規定並びに次条、附則第三条第二項、第四条、第六条第二項及び第三項、第十三条、第十四条（地方公務員等共済組合法（昭和三十七年法律第百五十二号）第百四十一条の二の次に二条を加える改正

規定中第百四十一条の四に係る部分に限る。）、第十六条並びに第十八条の規定　平成二十六年四月一日

附　則　（平成二五年六月二一日法律第五四号）　抄

（施行期日）

第一条　この法律は、公布の日から施行する。

（政令への委任）

第二十二条　この附則に定めるもののほか、この法律の施行に関し必要な経過措置は、政令で定める。

附　則　（平成二五年一一月二七日法律第八四号）　抄

（施行期日）

第一条　この法律は、公布の日から起算して一年を超えない範囲内において政令で定める日から施行する。ただし、附則第六十四条、第六十六条及び第百二条の規定は、公布の日から施行する。

（処分等の効力）

第百条　この法律の施行前に改正前のそれぞれの法律（これに基づく命令を含む。以下この条において同じ。）の規定によってした処分、手続その他の行為であって、改正後のそれぞれの法律の規定に相当の規定があるものは、この附則に別段の定めがあるものを除き、改正後のそれぞれの法律の相当の規定によってしたものとみなす。

（罰則に関する経過措置）

第百一条　この法律の施行前にした行為及びこの法律の規定によりなお従前の例によることとされる場合におけるこの法律の施行後にした行為に対する罰則の適用については、なお従前の例による。

（政令への委任）

第百二条　この附則に規定するもののほか、この法律の施行に伴い必要な経過措置（罰則に関する経過措置を含む。）は、政令で定める。

附　則　（平成二五年一二月一三日法律第一〇三号）　抄

（施行期日）

第一条　この法律は、公布の日から起算して六月を超えない範囲内において政令で定める日から施行する。ただし、次の各号に掲げる規定は、当該各号に定める日から施行する。

一　略

二　附則第十七条の規定　薬事法等の一部を改正する法律（平成二十五年法律第八十四号）の公布の日又はこの法律の公布の日のいずれか遅い日

附　則　（平成二六年六月一三日法律第六七号）　抄

（施行期日）

第一条　この法律は、独立行政法人通則法の一部を改正する法律（平成二十六年法律第六十六号。以下「通則法改正法」という。）の施行の日から施行する。ただし、次の各号に掲げる規定は、当該各号に定める日から施行する。

一　附則第十四条第二項、第十八条及び第三十条の規定　公布の日

（処分等の効力）

第二十八条　この法律の施行前にこの法律による改正前のそれぞれの法律（これに基づく命令を含む。）の規定によってした又はすべき処分、手続その他の行為であってこの法律による改正後のそれぞれの法律（これに基づく命令を含む。以下この条において「新法令」という。）に相当の規定があるものは、法律（これに基づく政令を含む。）に別段の定めのあるものを除き、新法令の相当の規定によってした又はすべき処分、手続その他の行為とみなす。

（罰則に関する経過措置）

第二十九条　この法律の施行前にした行為及びこの附則の規定によりなおその効力を有することとされる場合におけるこの法律の施行後にした行為に対する罰則の適用については、なお従前の例による。

（その他の経過措置の政令等への委任）

第三十条　附則第三条から前条までに定めるもののほか、この法律の施行に関し必要な経過措置（罰則に関する経過措置を含む。）は、政令（人事院の所掌する事項については、人事院規則）で定める。

附　則　（平成二六年六月一八日法律第七二号）　抄

（施行期日）

第一条　この法律は、公布の日から起算して二年六月を超えない範囲内において政令で定める日から施行する。

附　則　（平成二七年六月二四日法律第四七号）　抄

（施行期日）

第一条　この法律は、平成三十二年四月一日から施行する。ただし、次の各号に掲げる規定は、当該各号に定める日から施行する。

一～四　略

五　第二条の規定（第三号に掲げる改正規定を除く。）及び第五条の規定並びに附則第十二条から第十五条まで、第十七条、第二十条、第二十一条、第二十二条（第六項を除く。）、第二十三条から第二十五条まで、第二十七条（附則第二十四条第一項に係る部分に限る。）、第二十八条（第五項を除く。）、第二十九条から第三十一条まで、第三十三条、第三十四条、第三十六条（附則第二十二条第一項及び第二項、第二十三条第一項、第二十四条第一項、第二十五条、第二十八条第一項及び第二項、第二十九条第一項、第三十条第一項及び第三十一条に係る部分に限る。）、第三十七条、第三十八条、第四十一条（第四項を除く。）、第四十二条、第四十三条、第四十五条（第四号から第六号までに係る部分に限る。）、第四十六条（附則第四十三条及び第四十五条（第四号から第六号までに係る部分に限る。）に係る部分に限る。）、第四十七条、第四十八条及び第七十五条の規定、附則第七十七条中地方税法（昭和二十五年法律第二百二十六号）第三百四十九条の三第三項及び第七百一条の三十四第三項第十七号の改正規定、附則第七十八条第一項から第六項まで及び第七十九条から第八十二条までの規定、附則第八十三条中法人税法（昭和四十年法律第三十四号）第四十五条第一項の改正規定（同項第二号に係る部分に限る。）、附則第八十五条中登録免許税法別表第一第百一号の改正規定及び同表第百四号（八）の改正規定、附則第八十七条の規定、附則第八十八条中電源開発促進税法（昭和四十九年法律第七十九号）第二条第三号イの改正規定（「発電量調整供給」を「電力量調整供給」に改める部分に限る。）並びに附則第九十条から第九十五条まで及び第九十七条の規定　公布の日から起算して二年六月を超えない範囲内において政令で定める日

附　則　（平成三〇年六月二七日法律第六七号）　抄

（施行期日）

第一条　この法律は、公布の日から起算して一年を超えない範囲内において政令で定める日から施行する。

附　則　（令和二年三月一三日法律第四号）

この法律は、公布の日の翌日から施行する。

新型インフルエンザ等対策特別措置法の一部を改正する法律案に対する附帯決議

（衆議院内閣委員会、令和二年三月十一日）

政府は、本法の施行に当たっては、次の諸点に留意し、その運用等について遺憾なきを期すべきである。

一　新型インフルエンザ等対策特別措置法（以下「特措法」という。）に定める新型インフルエンザ等緊急事態宣言（以下「緊急事態宣言」という。）に係る各種の措置は国民生活に重大な影響を与える可能性のあることに鑑み、定められた要件への該当性については、多方面からの専門的な知見に基づき慎重に判断すること。

二　政府対策本部長は、新型インフルエンザ等緊急事態が発生したと認める判断をするに当たっては、あらかじめ、感染症に関する専門的な知識を有する者その他の学識経験者の意見を聴取すること。

三　緊急事態宣言をするに当たっては、特に緊急の必要がありやむを得ない場合を除き、国会へその旨及び必要な事項について事前に報告すること。緊急事態宣言を延長する、区域を変更する、又は解除する場合も同様とすること。

四　特定都道府県知事及び特定市町村長並びに指定公共機関及び指定地方公共機関は、新型インフルエンザ等緊急事態措置を実施したときは、遅滞なく、その旨及びその理由を政府対策本部長に報告すること。政府対策本部長は、報告を受けた事項を取りまとめ、緊急事態宣言の実施状況について、適時に国会に報告すること。

五　課題の共有・解決に向け、与野党に対して必要な情報共有を適時、適切に行うとともに、与野党の意見を尊重して施策の実施に当たること。

六　特措法に定める政府行動計画に基づき、必要な措置を迅速かつ組織的に幅広く実施すること。その際、都道府県・市町村等がそれぞれの行動計画等に基づき迅速・的確に施策を実行できるよう、政府が持つ情報や学識経験者の意見を提供し、最大限の支援を行うこと。

七　各種対策を実施する場合においては、国民の自由と権利の制限は必要最小限のものとすること。また、関係機関に対しても、その旨徹底すること。

八　必要と認められる者については、早期にＰＣＲ検査を実施するとともに、健康観察を行うための体制を確立すること。

九　今回の事態により、大幅なマイナス成長になる可能性が極めて高いことを前提に、消費と雇用に重点を置いた万全の金融・財政政策を講ずること。その際、サプライチェーンの寸断等や風評被害を含む顧客の大幅減少により大きな経済的影響を受けている中小・小規模企業、個人事業主・フリーランスのうち、新型コロナウイルス拡大に伴う減収が一定程度を超える事業者に対して、事業継続が可能となるよう特に配慮すること。

十　特措法第四十五条における施設利用等の制限要請等を行うに当たっては、その実効性の一層の確保を図るため、当該要請等によって経済的不利益を受ける者への配慮を十分に検討すること。

十一　企業及び個人（奨学金を含む。）に対する貸付条件等について、国から金融機関等に対して柔軟な対応を要請すること。

十二　生活や経済に支障が生ずる国民や企業が相談できる窓口を開設し、ワンストップで各種支援制度の申請手続が行えるよう早急に検討すること。その際、緊急的かつ深刻な経済情勢に鑑み、申請手続における提出書類や各種条件を極力簡素化するとともに、審査は迅速かつ合理的に行うようにすること。

十三　過去の経験に照らせば、新型コロナウイルス感染症の影響が、健康問題にとどまらず、経済・生活問題、さらには自殺リスクの高まりにも発展しかねない状況となっていることを踏まえ、政府は一人の命も犠牲にしないという強い決意のもとに、全国の自治体と連携し、自殺対策（生きることの包括的支援）を万全に講ずること。

十四　国民、企業などが、不必要な混乱を避け、冷静で的確な行動がとれるよう、科学的見地からも正確で必要十分な情報発信を適時、適切に行うこと。特に、医療従事者、高齢者、学校関係者、訪日・在留外国人、海外等への情報発信には最大限留意すること。また、ウイルスの肺以外の臓器や血液への影響、排泄物を通じた感染、動物への感染などについて、医学的に検証し、その結果についてもきめ細かく情報提供するよう努めること。

十五　農水産品の流通及び輸出入に支障が生じないよう努めるとともに、国産の輸出農水産品について科学的知見を踏まえて対応し、風評被害防止に努めること。

十六　中小企業金融の返済期限、雇用保険の給付期間の延長などについて、東日本大震災に伴って実施された期限延長措置にならい、その実施を検討すること。

十七　国が自治体等の事務に関し方針等を定めた場合には、国は自治体等からの質問に対して誠実に回答すること。

十八　専門的知見を活用し、感染症対策を一元的に担う危機管理組織の在り方（日本版ＣＤＣ等の設置）を検討すること。

十九　今回の新型コロナウイルス感染症への政府がとった対応について、第三者的立場から、客観的、科学的に検証し、その結果を明らかにすること。

二十　特措法の適用の対象となる感染症の範囲（当該感染症に係る法令の規定の解釈により含まれるものの範囲を含む。）について、速やかに検討すること。

二十四　感染国から在留邦人、邦人旅行者を早期に出国させるため、出国手段等の確保に万全を尽くすこと。また、船舶での感染症対策について、国際的な協議を速やかに行うこと。

二十五　新型インフルエンザ等対策等については引き続き国際的な連携を図るとともに、特に発展途上国での医療体制や公衆衛生の向上に積極的に貢献すること。

右決議する。

題、さらには自殺リスクの高まりにも発展しかねない状況となっていることを踏まえ、政府は一人の命も犠牲にしないという強い決意の下に、全国の自治体と連携し、自殺対策（生きることの包括的支援）を万全に講ずること。

十八　国民、企業などが、不必要な混乱を避け、冷静で的確な行動がとれるよう、科学的見地からも正確で必要十分な情報発信を適時、適切に行うこと。特に、医療従事者、高齢者、障害者、学校関係者、訪日・在留外国人、海外等への情報発信及び相談・支援体制の構築には最大限留意すること。また、ウイルスの肺以外の臓器や血液への影響、排泄物を通じた感染、動物への感染などについて、医学的に検証し、その結果についてもきめ細かく情報提供するよう努めること。

十九　農水産品の流通及び輸出入に支障が生じないよう努めるとともに、国産の輸出農水産品について科学的知見を踏まえて対応し、風評被害防止に努めること。

二十　中小企業金融の返済期限、雇用保険の給付期間の延長などについて、東日本大震災に伴って実施された期限延長措置にならい、その実施を検討すること。

二十一　感染症対策を一元的に担い、一定の権限を持つ危機管理組織の在り方（日本版ＣＤＣ等の設置）を検討すること。

二十二　今回の新型コロナウイルス感染症への政府がとった対応について、第三者的立場から、客観的、科学的に検証し、その結果を明らかにすること。

二十三　特措法の適用の対象となる感染症の範囲（当該感染症に係る法令の規定の解釈により含まれるものの範囲を含む。）について、速やかに検討すること。

十一　今回の事態により、大幅なマイナス成長になる可能性が極めて高いことを前提に、消費と雇用に重点を置いた万全の金融・財政政策を講ずること。その際、サプライチェーンの寸断等や風評被害を含む顧客の大幅減少により大きな経済的影響を受けている中小・小規模企業、個人事業主・フリーランスのうち、新型コロナウイルス拡大に伴う減収が一定程度を超える事業者に対して、事業継続が可能となるよう特に配慮すること。

十二　小学校等の臨時休業により、仕事を休まざるを得なくなった保護者等への支援策や、放課後児童クラブ等の子供の居場所の確保に万全を期すること。

十三　特措法第四十五条における施設利用等の制限要請等を行う政令については、消毒液の設置、人数制限等のより人権制約の度合いの小さい措置が可能であることを明示し、集会の自由等の人権が過度に制約されることがないようにすること。その際、感染症の専門家及び現場の意見を十分踏まえること。

十四　特措法第四十五条における施設利用等の制限要請等を行うに当たっては、その実効性の一層の確保を図るため、当該要請等によって経済的不利益を受ける者への配慮を十分に検討すること。

十五　企業及び個人（奨学金を含む。）に対する貸付条件等について、国から金融機関等に対して柔軟な対応を要請すること。

十六　生活や経済に支障が生ずる国民や企業が相談できる窓口を開設し、ワンストップで各種支援制度の申請手続が行えるよう早急に検討すること。その際、緊急的かつ深刻な経済情勢に鑑み、申請手続における提出書類や各種条件を極力簡素化するとともに、審査は迅速かつ合理的に行うようにすること。

十七　過去の経験に照らせば、新型コロナウイルス感染症の影響が、健康問題にとどまらず、経済・生活問

五　特定都道府県知事及び特定市町村長並びに指定公共機関及び指定地方公共機関は、新型インフルエンザ等緊急事態措置を実施したときは、遅滞なく、その旨及びその理由を政府対策本部長に報告すること。政府対策本部長は、報告を受けた事項を取りまとめるとともに、緊急事態宣言の実施状況について、適時に国会に報告すること。

六　課題の共有・解決に向け、与野党に対して必要な情報共有を適時、適切に行うとともに、与野党の意見を尊重して施策の実施に当たること。

七　新型インフルエンザ等が周期的に発生することに鑑み、政府対策本部、都道府県対策本部及び市町村対策本部等においては、新型コロナウイルスの感染拡大をめぐる事態が行政文書の管理に関するガイドラインに基づく「歴史的緊急事態」に指定されたことを踏まえ、特に、緊急事態宣言の決定に至り得る場合においては、会議録等の経過記録と科学的根拠となるデータ保存に万全を期し、国民への説明責任を果たすとともに、海外関係諸機関との情報共有を行い、次代への教訓として活用できるようにすること。

八　各種対策を実施する場合においては、国民の自由と権利の制限は必要最小限のものとすること。また、関係機関に対しても、その旨徹底すること。

九　放送事業者への指定公共機関の指定は限定するとともに、感染症に関する報道・論評の自律を保障し、言論その他表現の自由が確保されるよう特段の配慮を行うこと。

十　必要と認められる者については、早期にＰＣＲ検査を実施するとともに、健康観察を行うための体制を確立すること。

〔令和二年三月十三日
参議院内閣委員会〕

新型インフルエンザ等対策特別措置法の一部を改正する法律案に対する附帯決議

政府は、本法の施行に当たり、次の諸点について適切な措置を講ずるべきである。

一　新型インフルエンザ等対策特別措置法（以下「特措法」という。）に定める新型インフルエンザ等緊急事態宣言（以下「緊急事態宣言」という。）に係る各種の措置は国民生活に重大な影響を与える可能性のあることに鑑み、定められた要件への該当性については、ウイルスの病原性、感染力等の科学的知見に基づき、感染者の状況、感染地域を考慮し、慎重に判断すること。その際、医学・公衆衛生等の専門家の意見を十分踏まえること。

二　政府対策本部長は、新型インフルエンザ等緊急事態が発生したと認める判断をするに当たっては、あらかじめ、感染症に関する専門的な知識を有する者その他の学識経験者の意見を聴取すること。

三　緊急事態宣言をするに当たっては、特に緊急の必要がありやむを得ない場合を除き、国会へその旨及び必要な事項について事前に報告すること。緊急事態宣言を延長する、区域を変更する、又は解除する場合も同様とすること。

四　特措法に定める政府行動計画に基づき、必要な措置を迅速かつ組織的に幅広く実施すること。その際、都道府県・市町村等がそれぞれの行動計画等に基づき迅速・的確に施策を実行できるよう、政府が持つ情報や学識経験者の意見を提供し、最大限の支援を行うこと。

新型インフルエンザ等対策特別措置法施行令

（平成二十五年政令第百二十二号）

内閣は、新型インフルエンザ等対策特別措置法（平成二十四年法律第三十一号）第二条第四号から第六号まで、第十二条第二項、第三十一条第一項、第三十二条第一項、第三十八条第四項、第四十一条、第四十二条第一項、第四十五条第二項、第四十八条第二項、第五十五条第一項、第五十六条第一項及び第三項、第六十条、第六十二条第二項及び第三項、第六十三条、第六十九条第一項（同条第二項において読み替えて準用する場合を含む。）、第七十一条第一項並びに第七十五条、同法第四十四条において読み替えて準用する災害対策基本法（昭和三十六年法律第二百二十三号）第三十二条並びに新型インフルエンザ等対策特別措置法第七十一条第二項において準用する災害対策基本法第八十一条第三項の規定に基づき、この政令を制定する。

（指定行政機関）

第一条　新型インフルエンザ等対策特別措置法（以下「法」という。）第二条第四号の政令で定める機関は、次のとおりとする。

一　内閣府

二　国家公安委員会

三　警察庁

四　金融庁

五　消費者庁

六　総務省

七　消防庁

八　法務省

九　出入国在留管理庁

十　外務省

十一　財務省

十二　国税庁

十三　文部科学省

十四　厚生労働省

十五　検疫所

十六　国立感染症研究所

十七　農林水産省

十八　動物検疫所

十九　林野庁

二十　水産庁

二十一　経済産業省

二十二　資源エネルギー庁

二十三　中小企業庁

二十四　国土交通省

二十五　観光庁

二十六　気象庁

二十七　海上保安庁

二十八　環境省

二十九　原子力規制委員会

三十　防衛省

三十一　防衛装備庁

（指定地方行政機関）

第二条　法第二条第五号の政令で定める国の地方行政機関は、次のとおりとする。

一　沖縄総合事務局

二　管区警察局

三　東京都警察情報通信部

四　北海道警察情報通信部

五　総合通信局

六　沖縄総合通信事務所

七　地方出入国在留管理局

八　財務局

九　福岡財務支局

十　税関

十一　沖縄地区税関

十二　国税局

十三　沖縄国税事務所

十四　地方厚生局

十五　都道府県労働局

十六　地方農政局

十七　北海道農政事務所

十八　経済産業局

十九　産業保安監督部

二十　那覇産業保安監督事務所

二十一　地方整備局

二十二　北海道開発局

二十三　地方運輸局

二十四　地方航空局

二十五　航空交通管制部

二十六　管区気象台

二十七　沖縄気象台

二十八　管区海上保安本部

二十九　地方環境事務所

三十　地方防衛局

（指定公共機関）

第三条　法第二条第六号の政令で定める公共的機関及び公益的事業を営む法人は、次のとおりとする。

一　独立行政法人労働者健康安全機構

二　独立行政法人国立病院機構

三　独立行政法人地域医療機能推進機構

四　国立研究開発法人国立国際医療研究センター

五　日本銀行

六　日本赤十字社

七　日本放送協会

八　広域的運営推進機関

九　成田国際空港株式会社

十　中部国際空港株式会社

十一　新関西国際空港株式会社

十二　北海道旅客鉄道株式会社

十三　四国旅客鉄道株式会社

十四　日本貨物鉄道株式会社

十五　東京地下鉄株式会社

十六　日本郵便株式会社

十七　日本電信電話株式会社

十八　東日本電信電話株式会社

十九　西日本電信電話株式会社

二十　次に掲げる法人のうち内閣総理大臣が指定して公示するもの

イ　医師、歯科医師又は病院の組織する法人であって、その行う事業が全国的な規模の医療の需要に応ずるものと認められるもの

ロ　薬剤師の組織する法人であって、その行う事業が全国的な規模の医薬品の需要に応ずるものと認められるもの

ハ　看護師の組織する法人であって、その行う事業が全国的な規模の看護の需要に応ずるものと認められるもの

ニ　法第四十七条に規定する医薬品等製造販売業者であって、その行う医薬品、医療機器又は再生医療等製品の製造販売（医薬品、医療機器等の品質、有効性及び安全性の確保等に関する法律（昭和三十五年法律第百四十五号。以下「医薬品医療機器等法」という。）第二条第十三項に規定する製造販売をいう。ホにおいて同じ。）の事業が全国的な規模の新型インフルエンザ等に係る医薬品、医療機器又は再生医療等製品の需要に応ずるものと認められるもの

ホ　医薬品医療機器等法第十二条第一項の医薬品の製造販売業の許可を受けた者の組織する法人であって、新型インフルエンザ等感染症（感染症の予防及び感染症の患者に対する医療に関する法律（平成十年法律第百十四号。第六条において「感染症法」という。）第六条第

七項に規定する新型インフルエンザ等感染症をいう。第六条第二項第一号において同じ。）に係るワクチンの製造販売について医薬品医療機器等法第十四条の三第一項の規定により医薬品医療機器等法第十四条の承認を受けたもの（当該承認を受けようとする者を含む。）を構成員とするもの

へ　法第四十七条に規定する医薬品等販売業者の組織する法人であって、その行う事業が全国的な規模の新型インフルエンザ等に係る医薬品、医薬品医療機器等法第三十九条第一項に規定する高度管理医療機器等又は再生医療等製品の配送の需要に応ずるものと認められるもの

ト　電気事業法（昭和三十九年法律第百七十号）第二条第一項第三号に規定する小売電気事業者（同法第二条の十三第一項に規定する小売供給契約に係る件数、内容その他の事情からみて、その営む同法第二条第一項第二号に規定する小売電気事業が円滑に実施されないことが公共の利益を著しく阻害すると認められるものに限る。）、同法第二条第一項第九号に規定する一般送配電事業者、同項第十一号に規定する送電事業者及び同項第十五号に規定する発電事業者（その事業の用に供する発電用の電気工作物（同項第十八号に規定する電気工作物をいう。）に係る出力の合計、発電の方法その他の事情からみて、その営む同項第十四号に規定する発電事業が円滑に実施されないことが公共の利益を著しく阻害すると認められるものに限る。）

チ　ガス事業法（昭和二十九年法律第五十一号）第二条第三項に規定するガス小売事業者（同法第十四条第一項に規定する小売供給契約に係る件数、内容その他の事情からみて、その営む同法第二条第二項に規定するガス小売事業（以下チにおいて単に「ガス小売事業」という。）が円滑に実施されないことが公共の利益を著しく阻害すると認められるものに限る。）、同条第六項に規定する一般ガス導管事業者（供給区域内におけるガスメーターの取付数その他の事情からみて、その営む同条第五項に規定する一般ガス導管事業によるガスの供給が円滑に実施されないことが公共の利益を著しく阻害すると認められるもの（供給区域が一の都道府県の区域内にとどまるものを除く。）に限る。）及び同条第十項に規定するガス製造事業者（ガス小売事業の用に供するためのガスの製造量その他の事情からみて、その営む同条第九項に規定するガス製造事業が円滑に実施されないことが公共の利益を著しく阻害すると認められるものに限る。）

リ　海上運送法（昭和二十四年法律第百八十七号）第三条第一項の許可を受けた同法第八条第一項に規定する一般旅客定期航路事業者

ヌ　海上運送法第十九条の五第一項又は第二十条第一項の規定による届出をした者であって、その営む同法第二条第四項に規定する貨物定期航路事業又は同条第六項に規定する不定期航路事業（人の運送をするものを除く。）が主として本邦の港と本邦以外の地域の港との間における貨物の輸送需要に応ずるものと認められるもの

ル　航空法（昭和二十七年法律第二百三十一号）第百二条第一項に規定する本邦航空運送事業者であって、その経営する同法第二条第十九項に規定する国際航空運送事業（本邦内の地点と本邦外の地点との間において行う同条第十八項に規定する航空運送事業に限る。）がその運航する航空機の型式その他の事項からみて主として長距離の大量輸送の需要に応ずるものと認められるもの

ヲ　鉄道事業法（昭和六十一年法律第九十二号）第十三条第一項に規定する第一種鉄道事業者であって、その経営する同法第二条第二項に規定する第一種鉄道事業による円滑な輸送が確保されないことが一の都道府県の区域を越えて利用者の利便に影響を及ぼすものと認められるもの

ワ　内航海運業法（昭和二十七年法律第百五十一号）第七条第一項に規定する内航海運業者であって、同法第八条第一項に規定する船舶により同法第二条第二項に規定する内航運送をする事業を営むもの

カ　貨物自動車運送事業法（平成元年法律第八十三号）第七条第一項に規定する一般貨物自動車運送事業者であって、その経営する同法第二条第二項に規定する一般貨物自動車運送事業がその営業所その他の事業場の数及び配置、事業用自動車の種別及び数その他の事項からみて全国的な規模の貨物の輸送需要に応ずるものと認められるもの

ヨ　電気通信事業法（昭和五十九年法律第八十六号）第九条の登録を受けた同法第二条第五号に規定する電気通信事業者（業務区域が一の都道府県の区域内にとどまるものを除く。）

（訓練のための交通の禁止又は制限の手続）

第四条　法第十二条第二項の規定による歩行者又は車両の道路における通行の禁止又は制限の手続については、災害対策基本法施行令（昭和三十七年政令第二百八十八号）第二十条の二の規定の例による。

（医療等の実施の要請の対象となる医療関係者等）

第五条　法第三十一条第一項の政令で定める医療関係者は、次のとおりとする。

一　医師

二　歯科医師

三　薬剤師

四　保健師

五　助産師

六　看護師

七　准看護師

八　診療放射線技師

九　臨床検査技師

十　臨床工学技士

十一　救急救命士

十二　歯科衛生士

２　法第三十一条第一項若しくは第二項（法第四十六条第六項において読み替えて準用する場合を含む。）の規定による要請（第十九条及び第二十条第一項において「要請」という。）又は法第三十一条第三項（法第四十六条第六項において読み替えて準用する場合を含む。）の規定による指示（第十九条及び第二十条第一項において「指示」という。）を受けた医療関係者のうち医療機関の管理者であるものは、当該要請又は当該指示に係る法第三十一条第三項に規定する患者等に対する医療等又は法第四十六条第三項の規定により読み替えて適用する予防接種法（昭和二十三年法律第六十八号）第六条第一項の規定による予防接種（第十九条第一号及び第三号並びに第二十条第三項第三号及び第四号において「医療その他の行為」という。）の実施に当たり、必要があると認めるときは、当該医療機関の医療関係者、事務職員その他の職員を活用してその実施の体制の構築を図るものとする。

（新型インフルエンザ等緊急事態の要件）

第六条　法第三十二条第一項の新型インフルエンザ等についての政令で定める要件は、当該新型インフルエンザ等にかかった場合における肺炎、多臓器不全又は脳症その他厚生労働大臣が定める重篤である症例の発生頻度が、感染症法第六条第六項第一号に掲げるインフルエンザにかかった場合に比して相当程度高いと認められることとする。

２　法第三十二条第一項の新型インフルエンザ等緊急事態についての政令で定める要件は、次に掲げる場合のいずれかに該当することとする。

一　感染症法第十五条第一項又は第二項の規定による質問又は調査の結果、新型インフルエンザ等感染症の患者（当該患者であった者を含む。）、感染症法第六条第十項に規定する疑似症患者若しくは同条第十一項に規定する無症状病原体保有者（当該無症状病原体保有者であった者を含む。）、同条第九項に規定する新感染症（全国的かつ急速なまん延のおそれのあるものに限る。）の所見がある者（当該所見があった者を含む。）、新型インフルエンザ等にかかっていると疑うに足りる正当な理由のある者（新型インフルエンザ等にかかっていたと疑うに足りる正当な理由のある者を含む。）又は新型インフルエンザ等により死亡した者（新型インフルエンザ等により死亡したと疑われる者を含む。）が新型インフルエンザ等に感染し、又は感染したおそれがある経路が特定できない場合

二　前号に掲げる場合のほか、感染症法第十五条第一項又は第二項の規定による質問又は調査の結果、同号に規定する者が新型インフルエンザ等を公衆にまん延させるおそれがある行動をとっていた場合その

他の新型インフルエンザ等の感染が拡大していると疑うに足りる正当な理由のある場合

（特定都道府県知事による特定市町村長の事務の代行）

第七条　災害対策基本法施行令第三十条第二項及び第三項の規定は、法第三十八条第二項の規定による特定都道府県知事による特定市町村長の事務の代行について準用する。

（特定市町村等の事務の委託の手続）

第八条　災害対策基本法施行令第二十八条の規定は、法第四十一条の規定による特定市町村の事務又は特定市町村長等の権限に属する事務の委託について準用する。

（職員の派遣の要請の手続）

第九条　災害対策基本法施行令第十五条の規定は、法第四十二条第一項の規定による職員の派遣の要請について準用する。

（新型インフルエンザ等緊急事態派遣手当及び職員の身分取扱い）

第十条　法第四十四条において読み替えて準用する災害対策基本法第三十二条第一項の新型インフルエンザ等緊急事態派遣手当及び法第四十三条の規定により指定行政機関、指定地方行政機関又は特定指定公共機関から派遣される職員の身分取扱いについては、災害対策基本法施行令第十七条から第十九条までの規定の例による。

（使用の制限等の要請の対象となる施設）

第十一条　法第四十五条第二項の政令で定める多数の者が利用する施設は、次のとおりとする。ただし、第三号から第十三号までに掲げる施設にあっては、その建築物の床面積の合計が千平方メートルを超えるものに限る。

一　学校（第三号に掲げるものを除く。）

二　保育所、介護老人保健施設その他これらに類する通所又は短期間の入所により利用される福祉サービス又は保健医療サービスを提供する施設（通所又は短期間の入所の用に供する部分に限る。）

三　学校教育法（昭和二十二年法律第二十六号）第一条に規定する大学、同法第百二十四条に規定する専修学校（同法第百二十五条第一項に規定する高等課程を除く。）、同法第百三十四条第一項に規定する各種学校その他これらに類する教育施設

四　劇場、観覧場、映画館又は演芸場

五　集会場又は公会堂

六　展示場

七　百貨店、マーケットその他の物品販売業を営む店舗（食品、医薬品、医療機器その他衛生用品、再生医療等製品又は燃料その他生活に

欠くことができない物品として厚生労働大臣が定めるものの売場を除く。）

八　ホテル又は旅館（集会の用に供する部分に限る。）

九　体育館、水泳場、ボーリング場その他これらに類する運動施設又は遊技場

十　博物館、美術館又は図書館

十一　キャバレー、ナイトクラブ、ダンスホールその他これらに類する遊興施設

十二　理髪店、質屋、貸衣装屋その他これらに類するサービス業を営む店舗

十三　自動車教習所、学習塾その他これらに類する学習支援業を営む施設

十四　第三号から前号までに掲げる施設であって、その建築物の床面積の合計が千平方メートルを超えないもののうち、新型インフルエンザ等緊急事態において、新型インフルエンザ等の発生の状況、動向若しくは原因又は社会状況を踏まえ、新型インフルエンザ等のまん延を防止するため法第四十五条第二項の規定による要請を行うことが特に必要なものとして厚生労働大臣が定めて公示するもの

２　厚生労働大臣は、前項第十四号に掲げる施設を定めようとするときは、あらかじめ、感染症に関する専門的な知識を有する者その他の学識経験者の意見を聴かなければならない。

（感染の防止のために必要な措置）

第十二条　法第四十五条第二項の政令で定める措置は、次のとおりとする。

一　新型インフルエンザ等の感染の防止のための入場者の整理

二　発熱その他の新型インフルエンザ等の症状を呈している者の入場の禁止

三　手指の消毒設備の設置

四　施設の消毒

五　マスクの着用その他の新型インフルエンザ等の感染の防止に関する措置の入場者に対する周知

六　前各号に掲げるもののほか、新型インフルエンザ等緊急事態において、新型インフルエンザ等の感染の防止のために必要な措置として厚生労働大臣が定めて公示するもの

（特定市町村長による臨時の医療施設における医療の提供の実施に関する事務の実施）

第十三条　災害救助法施行令（昭和二十二年政令第二百二十五号）第十七条の規定は、特定都道府県知事が法第四十八条第二項の規定により同条第一項の措置の実施に関する事務の一部を特定市町村長が行うこととする場合について準用する。この場合において、同令第十七条

第三項中「法の規定」とあるのは、「新型インフルエンザ等対策特別措置法（平成二十四年法律第三十一号）及び新型インフルエンザ等対策特別措置法施行令（平成二十五年政令第百二十二号）の規定」と読み替えるものとする。

（新型インフルエンザ等緊急事態措置の実施に必要な物資）

第十四条　法第五十五条第一項の政令で定める物資は、次のとおりとする。

一　医薬品（抗インフルエンザ薬にあっては、厚生労働大臣が法第五十五条第四項の規定により自ら同条第一項から第三項までの規定による措置を行う場合に限る。）

二　食品

三　医療機器その他衛生用品

四　再生医療等製品

五　燃料

六　前各号に掲げるもののほか、新型インフルエンザ等緊急事態において、新型インフルエンザ等緊急事態措置の実施に必要な物資として内閣総理大臣が定めて公示するもの

（墓地、埋葬等に関する法律第五条及び第十四条の手続の特例）

第十五条　武力攻撃事態等における国民の保護のための措置に関する法律施行令（平成十六年政令第二百七十五号）第三十四条の規定は、厚生労働大臣が法第五十六条第一項の規定により墓地、埋葬等に関する法律（昭和二十三年法律第四十八号）第五条及び第十四条に規定する手続の特例を定める場合について準用する。

（特定市町村長による埋葬又は火葬の実施に関する事務の実施）

第十六条　災害救助法施行令第十七条の規定は、特定都道府県知事が法第五十六条第三項の規定により同条第二項の措置の実施に関する事務の一部を特定市町村長が行うこととする場合について準用する。この場合において、同令第十七条第三項中「法の規定」とあるのは、「新型インフルエンザ等対策特別措置法（平成二十四年法律第三十一号）及び新型インフルエンザ等対策特別措置法施行令（平成二十五年政令第百二十二号）の規定」と読み替えるものとする。

（政令で定める金融機関）

第十七条　法第六十条の政令で定める金融機関は、次のとおりとする。

一　地方公共団体金融機構

二　株式会社日本政策投資銀行

三　農林中央金庫

四　株式会社商工組合中央金庫

（損失補償の申請手続）

第十八条　法第六十二条第一項の規定による損失の補償を受けようとする者は、損失補償申請書を、次の各号に掲げる処分の区分に応じ、当該各号に定める者に提出しなければならない。

一　法第二十九条第五項の規定による処分　当該処分を行った特定検疫所長

二　法第四十九条又は第五十五条第二項若しくは第三項の規定による処分　当該処分を行った特定都道府県知事

三　法第五十五条第四項（同条第一項に係る部分を除く。）の規定による処分　当該処分を行った指定行政機関の長又は指定地方行政機関の長

２　前項各号に定める者は、同項の損失補償申請書を受理したときは、補償すべき損失の有無及び損失を補償すべき場合には補償の額を決定し、遅滞なく、これを当該申請をした者に通知しなければならない。

３　第一項の損失補償申請書には、次に掲げる事項を記載しなければならない。

一　損失の補償を受けようとする者の氏名及び住所（法人にあっては、その名称、代表者の氏名及び主たる事務所の所在地）

二　請求額及びその明細

三　損失の発生した日時又は期間

四　損失の発生した区域又は場所

五　損失の内容

（実費弁償の基準）

第十九条　法第六十二条第二項の政令で定める基準は、次のとおりとする。

一　手当は、要請に応じ、又は指示に従って医療その他の行為を行った時間に応じて支給するものとする。

二　前号の手当の支給額は、要請又は指示を行った者が厚生労働大臣である場合にあっては一般職の国家公務員である医療関係者の給与を、要請又は指示を行った者が都道府県知事である場合にあっては当該都道府県知事の統括する都道府県の常勤の職員である医療関係者の給与を考慮して定めるものとする。

三　一日につき八時間を超えて医療その他の行為を行ったときは、第一号の規定にかかわらず、その八時間を超える時間につき割増手当を、医療その他の行為を行うため一時その住所又は居所を離れて旅行するときは、旅費を、それぞれ支給するものとする。

四　前号の割増手当及び旅費の支給額は、第一号の手当の支給額を基礎とし、要請又は指示を行った者が厚生労働大臣である場合にあっては一般職の国家公務員である医療関係者に、要請又は指示を行った者が都道府県知事である場合にあっては当該都道府県知事の統括する都道府県の常勤の職員である医療関係者に支給される時間外勤務手当及び旅費の算定の例に準じて算定するものとする。

（実費弁償の申請手続）

第二十条　法第六十二条第二項の規定による実費の弁償を受けようとする者は、実費弁償申請書を、要請又は指示を行った厚生労働大臣又は都道府県知事に提出しなければならない。

２　厚生労働大臣又は都道府県知事は、前項の実費弁償申請書を受理したときは、弁償すべき実費の有無及び実費を弁償すべき場合には弁償の額を決定し、遅滞なく、これを当該申請をした者に通知しなければならない。

３　第一項の実費弁償申請書には、次に掲げる事項を記載しなければならない。

一　実費の弁償を受けようとする者の氏名及び住所

二　請求額及びその明細

三　医療その他の行為に従事した期間及び場所

四　従事した医療その他の行為の内容

（損害補償の額）

第二十一条　法第六十三条第一項の規定による損害の補償の額は、災害救助法施行令中扶助金に係る規定の例により算定するものとする。

（損害補償の申請手続）

第二十二条　法第六十三条第一項の規定による損害の補償を受けようとする者は、損害補償申請書を、法第三十一条第一項の規定による要請又は同条第三項の規定による指示を行った都道府県知事に提出しなければならない。

２　前項の都道府県知事は、同項の損害補償申請書を受理したときは、補償すべき損害の有無及び損害を補償すべき場合には補償の額を決定し、遅滞なく、これを当該申請をした者に通知しなければならない。

３　第一項の損害補償申請書には、次に掲げる事項を記載しなければならない。

一　損害の補償を受けようとする者の氏名及び住所

二　負傷し、疾病にかかり、又は死亡した者の氏名及び住所

三　負傷し、疾病にかかり、又は死亡した日時及び場所

四　負傷、疾病又は死亡の状況

五　死亡した場合にあっては、遺族の状況

（国庫の負担）

第二十三条　法第六十九条第一項（同条第二項において読み替えて準用する場合を含む。）の規定による国庫の負担は、次に掲げる額について行う。

一　法第六十五条の規定により都道府県が支弁する法第四十八条第一項及び第五十六条第二項に規定する措置に要する費用並びに法第四十六条第三項の規定により読み替えて適用する予防接種法第二十五条の規定により市町村が支弁する同項の規定により読み替えて適用する同法第六条第一項の規定による予防接種を行うために要する費用については、医師の報酬、薬品、材料、埋葬、火葬その他に要する費用として厚生労働大臣が定める基準によって算定した額（その額が現に要した当該費用の額（その費用のための寄附金があるときは、当該寄附金の額を控除した額）を超えるときは、当該費用の額）

二　法第六十五条の規定により都道府県が支弁する法第六十二条第一項及び第二項並びに第六十三条第一項に規定する措置に要する費用並びに法第四十六条第三項の規定により読み替えて適用する予防接種法第二十五条の規定により市町村が支弁する同項の規定により読み替え

て適用する同法第六条第一項の規定による予防接種に係る同法第十五条第一項の規定による給付に要する費用については、現に要した当該費用の額

2　厚生労働大臣は、前項第一号に規定する基準を定めようとするときは、あらかじめ、総務大臣及び財務大臣に協議しなければならない。

（公用令書を交付すべき相手方）

第二十四条　法第七十一条第一項の規定による公用令書の交付は、次の各号に掲げる処分の区分に応じ、当該各号に定める者に対して行うものとする。

一　特定病院等（法第二十九条第五項に規定する特定病院等をいう。以下この号において同じ。）の使用　使用する特定病院等の管理者

二　土地、家屋又は物資の使用　使用する土地、家屋又は物資の所有者及び占有者

三　特定物資（法第五十五条第一項に規定する特定物資をいう。以下この号及び次号において同じ。）の収用　収用する特定物資の所有者及び占有者

四　特定物資の保管命令　特定物資を保管すべき者

（公用令書を事後に交付することができる場合）

第二十五条　法第七十一条第一項ただし書の政令で定める場合は、次のとおりとする。

一　次のイ又はロに掲げる処分の区分に応じ、当該イ又はロに定める場合

イ　土地の使用　公用令書を交付すべき相手方の所在が不明である場合

ロ　家屋又は物資の使用　使用する家屋又は物資の占有者に公用令書を交付した場合（当該占有者が所有者と異なる場合に限る。）において、所有者の所在が不明であるとき。

二　公用令書を交付すべき相手方が遠隔の地に居住することその他の事由により、当該相手方に公用令書を交付して処分を行うことが著しく困難と認められる場合において、当該相手方に公用令書の内容を通知したとき。

（公用令書の事後交付の手続）

第二十六条　特定検疫所長、特定都道府県知事並びに指定行政機関の長及び指定地方行政機関の長は、前条第一号に規定する場合に該当して法第七十一条第一項ただし書の規定により処分を行った場合において、公用令書を交付すべき相手方の所在を知ったときは、遅滞なく、当該相手方に公用令書を交付するものとする。

２　特定検疫所長、特定都道府県知事並びに指定行政機関の長及び指定地方行政機関の長は、前条第二号に掲げる場合に該当して当該相手方に公用令書の内容を通知したときは、遅滞なく、当該相手方に公用令書を交付するものとする。

（公用取消令書の交付）

第二十七条　特定検疫所長、特定都道府県知事並びに指定行政機関の長及び指定地方行政機関の長は、法第七十一条第一項の規定により公用令書を交付した後、当該公用令書に係る処分の全部又は一部を取り消したときは、遅滞なく、当該公用令書を交付した者に公用取消令書を交付しなければならない。

（公用令書等の様式）

第二十八条　法第七十一条第一項の公用令書には、同条第二項において準用する災害対策基本法第八十一条第二項各号に掲げる事項のほか、次に掲げる事項を記載しなければならない。

一　公用令書の番号

二　公用令書の交付の年月日

三　処分を行う特定検疫所長、特定都道府県知事又は指定行政機関の長若しくは指定地方行政機関の長

四　処分を行う理由

２　前条の公用取消令書には、次に掲げる事項を記載しなければならない。

一　公用取消令書の番号

二　公用取消令書の交付の年月日

三　公用取消令書の交付を受ける者の氏名及び住所（法人にあっては、その名称及び主たる事務所の所在地）

四　取り消した処分に係る公用令書の番号及び交付の年月日

五　取り消した処分の内容

六　処分を取り消した特定検疫所長、特定都道府県知事又は指定行政機関の長若しくは指定地方行政機関の長

３　前二項に定めるもののほか、公用令書及び公用取消令書の様式は、内閣総理大臣が定める。

（事務の区分）

第二十九条　この政令の規定により地方公共団体が処理することとされている事務（第四条の規定によりその例によることとされる災害対策基本法施行令第二十条の二の規定により都道府県警察が処理することとされているもの及び第八条において準用する同令第二十八条第四

項の規定により地方公共団体が処理することとされているものを除く。）は、地方自治法（昭和二十二年法律第六十七号）第二条第九項第一号に規定する第一号法定受託事務とする。

附　則　抄

（施行期日）

第一条　この政令は、法の施行の日（平成二十五年四月十三日）から施行する。

附　則　（平成二五年九月二六日政令第二八五号）　抄

（施行期日）

第一条　この政令は、災害対策基本法等の一部を改正する法律附則第一条第一号に掲げる規定の施行の日（平成二十五年十月一日）から施行する。

附　則　（平成二六年三月三一日政令第一二一号）

この政令は、改正法の施行の日（平成二十六年四月一日）から施行する。

附　則　（平成二六年七月三〇日政令第二六九号）　抄

（施行期日）

第一条　この政令は、改正法の施行の日（平成二十六年十一月二十五日）から施行する。

附　則　（平成二七年三月一八日政令第七四号）　抄

この政令は、平成二十七年四月一日から施行する。

附　則　（平成二七年三月二七日政令第一一六号）

この政令は、平成二十七年四月一日から施行する。

附　則　（平成二七年九月一八日政令第三三四号）　抄

（施行期日）

1　この政令は、防衛省設置法等の一部を改正する法律の施行の日（平成二十七年十月一日）から施行する。

附　則　（平成二七年一二月二八日政令第四四四号）

（施行期日）

１　この政令は、旅客鉄道株式会社及び日本貨物鉄道株式会社に関する法律の一部を改正する法律の施行の日（平成二十八年四月一日）から施行する。

（罰則に関する経過措置）

２　この政令の施行前にした行為に対する罰則の適用については、なお従前の例による。

附　則　（平成二八年二月一七日政令第四三号）　抄

（施行期日）

第一条　この政令は、改正法施行日（平成二十八年四月一日）から施行する。

附　則　（平成二八年三月二五日政令第七八号）　抄

（施行期日）

第一条　この政令は、平成二十八年四月一日から施行する。

附　則　（平成二九年三月二三日政令第四〇号）　抄

（施行期日）

第一条　この政令は、第五号施行日（平成二十九年四月一日）から施行する。

附　則　（平成三一年三月一五日政令第三八号）　抄

（施行期日）

1　この政令は、平成三十一年四月一日から施行する。

新型インフルエンザ等対策特別措置法の一部を改正する法律案要綱

第一　新型インフルエンザ等の定義の改正に関する事項

新型コロナウイルス感染症について、暫定的に新型インフルエンザ等とみなす改正を行うこと。（附則第一条の二関係）

第二　その他

その他所要の改正を行うこと。

第三　施行期日

この法律は、公布の日の翌日から施行するものとすること。（附則関係）

新型インフルエンザ等対策特別措置法の一部を改正する法律

新型インフルエンザ等対策特別措置法（平成二十四年法律第三十一号）の一部を次のように改正する。

附則第一条の次に次の一条を加える。

（新型コロナウイルス感染症に関する特例）

第一条の二　新型コロナウイルス感染症（病原体がベータコロナウイルス属のコロナウイルス（令和二年一月に、中華人民共和国から世界保健機関に対して、人に伝染する能力を有することが新たに報告されたものに限る。）であるものに限る。第三項において同じ。）については、新型インフルエンザ等対策特別措置法の一部を改正する法律（令和二年法律第　　号。同項において「改正法」という。）の施行の日から起算して二年を超えない範囲内において政令で定める日までの間は、第二条第一号に規定する新型インフルエンザ等とみなして、この法律及びこの法律に基づく命令（告示を含む。）の規定を適用する。

2　前項の場合におけるこの法律の規定の適用については、第十四条中「とき」とあるのは、「とき（新型コロナウイルス感染症（病原体がベータコロナウイルス属のコロナウイルス（令和二年一月に、中華人民共和国から世界保健機関に対して、人に伝染する能力を有することが新たに報告されたものに限る。）で

あるものに限る。）にあっては、そのまん延のおそれが高いと認めるとき）」とする。

3　前項に定めるもののほか、第一項の場合において、改正法の施行前に作成された政府行動計画、都道府県行動計画、市町村行動計画及び業務計画（以下この項において「行動計画等」という。）に定められていた新型インフルエンザ等に関する事項は、新型コロナウイルス感染症を含む新型インフルエンザ等に関する事項として行動計画等に定められているものとみなす。

附　則

この法律は、公布の日の翌日から施行する。

理　由

新型コロナウイルス感染症の発生及びそのまん延により国民の生命及び健康に重大な影響を与えることが懸念される状況に鑑み、この法律の施行の日から起算して二年を超えない範囲内において政令で定める日までの間、新型コロナウイルス感染症を新型インフルエンザ等対策特別措置法に規定する新型インフルエンザ等とみなし、同法に基づく措置を実施する必要がある。これが、この法律案を提出する理由である。

新型インフルエンザ等対策特別措置法の一部を改正する法律案　新旧対照条文　目次

○ 新型インフルエンザ等対策特別措置法（平成二十四年法律第三十一号）（抄）

（傍線の部分は改正部分）

改正案	現行
附則	附則
（新型コロナウイルス感染症に関する特例） 第一条の二　新型コロナウイルス感染症（病原体がベータコロナウイルス属のコロナウイルス（令和二年一月に、中華人民共和国から世界保健機関に対して、人に伝染する能力を有することが新たに報告されたものに限る。）であるものに限る。第三項において同じ。）については、新型インフルエンザ等対策特別措置法の一部を改正する法律（令和二年法律第　　号。同項において「改正法」という。）の施行の日から起算して二年を超えない範囲内において政令で定める日までの間は、第二条第一号に規定する新型インフルエンザ等とみなして、この法律及びこの法律に基づく命令（告示を含む。）の規定を適用する。 2　前項の場合におけるこの法律の規定の適用については、第十四条中「とき」とあるのは、「とき（新型コロナウイルス感染症（病原体がベータコロナウイルス属のコロナウイルス（令和二年一月に、中華人民共和国から世界保健機関に対して、人に伝染する能力を有することが新たに報告されたものに限る。）であるものに限る。）にあっては、そのまん延のおそれが高いと認めるとき）」とする。 3　前項に定めるもののほか、第一項の場合において、改正法の施行前に作成された政府行動計画、都道府県行動計画、市町村行動計画及び業務計画（以下この項において「行動計画等」という。	（新設）

）に定められていた新型インフルエンザ等に関する事項は、新型コロナウイルス感染症を含む新型インフルエンザ等に関する事項として行動計画等に定められているものとみなす。

新型インフルエンザ等対策特別措置法の一部を改正する法律案　参照条文　目次

○　新型インフルエンザ等対策特別措置法（平成二十四年法律第三十一号）（抄）

（定義）

第二条　この法律において、次の各号に掲げる用語の意義は、それぞれ当該各号に定めるところによる。

一　新型インフルエンザ等　感染症法第六条第七項に規定する新型インフルエンザ等感染症及び同条第九項に規定する新感染症（全国的かつ急速なまん延のおそれのあるものに限る。）をいう。

二～七　（略）

（政府行動計画の作成及び公表等）

第六条　政府は、新型インフルエンザ等の発生に備えて、新型インフルエンザ等対策の実施に関する計画（以下「政府行動計画」という。）を定めるものとする。

2　政府行動計画においては、次に掲げる事項を定めるものとする。

一　新型インフルエンザ等対策の実施に関する基本的な方針

二　国が実施する次に掲げる措置に関する事項

イ　新型インフルエンザ等及び感染症法第六条第七項に規定する新型インフルエンザ等感染症に変異するおそれが高い動物のインフルエンザの外国及び国内における発生の状況、動向及び原因の情報収集

ロ　新型インフルエンザ等に関する情報の地方公共団体、指定公共機関、事業者及び国民への適切な方法による提供

ハ　新型インフルエンザ等が国内において初めて発生した場合における第十六条第八項に規定する政府現地対策本部による新型インフルエンザ等対策の総合的な推進

ニ　検疫、第二十八条第三項に規定する特定接種の実施その他の新型インフルエンザ等のまん延の防止に関する措置

ホ　医療の提供体制の確保のための総合調整

ヘ　生活関連物資の価格の安定のための措置その他の国民生活及び国民経済の安定に関する措置

三　第二十八条第一項第一号の規定による厚生労働大臣の登録の基準に関する事項

四　都道府県及び指定公共機関がそれぞれ次条第一項に規定する都道府県行動計画及び第九条第一項に規定する業務計画を作成する際の基準となるべき事項

五　新型インフルエンザ等対策を実施するための体制に関する事項

六　新型インフルエンザ等対策の実施に当たっての地方公共団体相互の広域的な連携協力その他の関係機関相互の連携協力の確保に関する事項

七　前各号に掲げるもののほか、新型インフルエンザ等対策の実施に関し必要な事項

3　政府行動計画は、新型インフルエンザ等が発生する前の段階、新型インフルエンザ等が外国において発生した段階及び新型インフルエンザ等が国内において発生した段階に区分して定めるものとする。

4　内閣総理大臣は、政府行動計画の案を作成し、閣議の決定を求めなければならない。

5　内閣総理大臣は、前項の規定により政府行動計画の案を作成しようとするときは、あらかじめ、感染症に関する専門的な知識を有する者その他の学識経験者の意見を聴かなければならない。

6　内閣総理大臣は、第四項の閣議の決定があったときは、遅滞なく、政府行動計画を国会に報告するとともに、その旨を公示しなければならない。

7　政府は、政府行動計画を定めるため必要があると認めるときは、地方公共団体の長その他の執行機関（以下「地方公共団体の長等」という。）、指定公共機関その他の関係者に対し、資料又は情報の提供、意見の陳述その他必要な協力を求めることができる。

8　第三項から前項までの規定は、政府行動計画の変更について準用する。

（都道府県行動計画）

第七条　都道府県知事は、政府行動計画に基づき、当該都道府県の区域に係る新型インフルエンザ等対策の実施に関する計画（以下「都道府県行動計画」という。）を作成するものとする。

2　都道府県行動計画においては、おおむね次に掲げる事項を定めるものとする。

一　当該都道府県の区域に係る新型インフルエンザ等対策の総合的な推進に関する事項

二　都道府県が実施する次に掲げる措置に関する事項

イ　新型インフルエンザ等の都道府県内における発生の状況、動向及び原因の情報収集並びに調査

ロ　新型インフルエンザ等に関する情報の市町村、指定地方公共機関、医療機関、事業者及び住民への適切な方法による提供

ハ　感染を防止するための協力の要請その他の新型インフルエンザ等のまん延の防止に関する措置

ニ　医療従事者の確保その他の医療の提供体制の確保に関する措置

ホ　物資の売渡しの要請その他の住民の生活及び地域経済の安定に関する措置

三　市町村及び指定地方公共機関がそれぞれ次条第一項に規定する市町村行動計画及び第九条第一項に規定する業務計画を作成する際の

基準となるべき事項

四　新型インフルエンザ等対策を実施するための体制に関する事項

五　新型インフルエンザ等対策の実施に関する他の地方公共団体その他の関係機関との連携に関する事項

六　前各号に掲げるもののほか、当該都道府県の区域に係る新型インフルエンザ等対策に関し都道府県知事が必要と認める事項

3　都道府県知事は、都道府県行動計画を作成する場合において、他の地方公共団体と関係がある事項を定めるときは、当該他の地方公共団体の長の意見を聴かなければならない。

4　都道府県知事は、都道府県行動計画を作成したときは、内閣総理大臣に報告しなければならない。

5　内閣総理大臣は、前項の規定により報告を受けた都道府県行動計画について、必要があると認めるときは、当該都道府県知事に対し、必要な助言又は勧告をすることができる。

6　都道府県知事は、都道府県行動計画を作成したときは、速やかに、これを議会に報告し、並びに当該都道府県の区域内の市町村の長及び関係指定地方公共機関に通知するとともに、公表しなければならない。

7　都道府県知事は、都道府県行動計画を作成するため必要があると認めるときは、指定行政機関の長（当該指定行政機関が合議制の機関である場合にあっては、当該指定行政機関。以下同じ。）、指定地方行政機関の長、地方公共団体の長等、指定公共機関、指定地方公共機関その他の関係者に対し、資料又は情報の提供、意見の陳述その他必要な協力を求めることができる。

8　前条第五項の規定は、都道府県行動計画の作成について準用する。

9　第三項から前項までの規定は、都道府県行動計画の変更について準用する。

（市町村行動計画）

第八条　市町村長は、都道府県行動計画に基づき、当該市町村の区域に係る新型インフルエンザ等対策の実施に関する計画（以下「市町村行動計画」という。）を作成するものとする。

2　市町村行動計画においては、おおむね次に掲げる事項を定めるものとする。

一　当該市町村の区域に係る新型インフルエンザ等対策の総合的な推進に関する事項

二　市町村が実施する次に掲げる措置に関する事項

イ　新型インフルエンザ等に関する情報の事業者及び住民への適切な方法による提供

ロ　住民に対する予防接種の実施その他の新型インフルエンザ等のまん延の防止に関する措置

ハ　生活環境の保全その他の住民の生活及び地域経済の安定に関する措置

三　新型インフルエンザ等対策を実施するための体制に関する事項
四　新型インフルエンザ等対策の実施に関する他の地方公共団体その他の関係機関との連携に関する事項
五　前各号に掲げるもののほか、当該市町村の区域に係る新型インフルエンザ等対策に関し市町村長が必要と認める事項

3　市町村長は、市町村行動計画を作成する場合において、他の地方公共団体と関係がある事項を定めるときは、当該他の地方公共団体の長の意見を聴かなければならない。

4　市町村長は、市町村行動計画を作成したときは、都道府県知事に報告しなければならない。

5　都道府県知事は、前項の規定により報告を受けた市町村行動計画について、必要があると認めるときは、当該市町村長に対し、必要な助言又は勧告をすることができる。

6　市町村長は、市町村行動計画を作成したときは、速やかに、これを議会に報告するとともに、公表しなければならない。

7　第六条第五項及び前条第七項の規定は、市町村行動計画の作成について準用する。

8　第三項から前項までの規定は、市町村行動計画の変更について準用する。

（指定公共機関及び指定地方公共機関の業務計画）

第九条　指定公共機関又は指定地方公共機関は、それぞれ政府行動計画又は都道府県行動計画に基づき、その業務に関し、新型インフルエンザ等対策に関する業務計画（以下「業務計画」という。）を作成するものとする。

2　業務計画においては、次に掲げる事項を定めるものとする。
一　当該指定公共機関又は指定地方公共機関が実施する新型インフルエンザ等対策の内容及び実施方法に関する事項
二　新型インフルエンザ等対策を実施するための体制に関する事項
三　新型インフルエンザ等対策の実施に関する関係機関との連携に関する事項
四　前三号に掲げるもののほか、新型インフルエンザ等対策の実施に関し必要な事項

3　指定公共機関及び指定地方公共機関は、それぞれその業務計画を作成したときは、速やかに、指定公共機関にあっては当該指定公共機関を所管する指定行政機関の長を経由して内閣総理大臣に、指定地方公共機関にあっては当該指定地方公共機関を指定した都道府県知事に報告しなければならない。この場合において、内閣総理大臣又は都道府県知事は、当該指定公共機関又は指定地方公共機関に対し、必要な助言をすることができる。

4　指定公共機関及び指定地方公共機関は、それぞれその業務計画を作成したときは、速やかに、これを関係都道府県知事及び関係市町村長に通知するとともに、その要旨を公表しなければならない。

5　第七条第七項の規定は、業務計画の作成について準用する。
6　前三項の規定は、業務計画の変更について準用する。

（新型インフルエンザ等の発生等に関する報告）
第十四条　厚生労働大臣は、感染症法第四十四条の二第一項又は第四十四条の六第一項の規定により新型インフルエンザ等が発生したと認めた旨を公表するときは、内閣総理大臣に対し、当該新型インフルエンザ等の発生の状況、当該新型インフルエンザ等にかかった場合の病状の程度その他の必要な情報の報告をしなければならない。

政令第五十九号

感染症の予防及び感染症の患者に対する医療に関する法律施行令の一部を改正する政令

内閣は、感染症の予防及び感染症の患者に対する医療に関する法律（平成十年法律第百十四号）第六条第二十三項第十一号の規定に基づき、この政令を制定する。

感染症の予防及び感染症の患者に対する医療に関する法律施行令（平成十年政令第四百二十号）の一部を次のように改正する。

第三条に次の一号を加える。

三　ベータコロナウイルス属のコロナウイルス（令和二年一月に、中華人民共和国から世界保健機関に対して、人に伝染する能力を有することが新たに報告されたものに限る。）

附　則

この政令は、公布の日の翌日から施行する。

感染症の予防及び感染症の患者に対する医療に関する法律施行令の一部を改正する政令　新旧対照条文

○感染症の予防及び感染症の患者に対する医療に関する法律施行令（平成十年政令第四百二十号）（抄）　（傍線の部分は改正部分）

改正後	改正前
（四種病原体等）	（四種病原体等）
第三条　法第六条第二十三項第十一号の政令で定める病原体等は、次に掲げるものとする。	第三条　法第六条第二十三項第十一号の政令で定める病原体等は、次に掲げるものとする。
一　クラミドフィラ属シッタシ（別名オウム病クラミジア）	一　クラミドフィラ属シッタシ（別名オウム病クラミジア）
二　フラビウイルス属ウエストナイルウイルス、ジャパニーズエンセファリティスウイルス（別名日本脳炎ウイルス）及びデングウイルス	二　フラビウイルス属ウエストナイルウイルス、ジャパニーズエンセファリティスウイルス（別名日本脳炎ウイルス）及びデングウイルス
三　ベータコロナウイルス属のコロナウイルス（令和二年一月に、中華人民共和国から世界保健機関に対して、人に伝染する能力を有することが新たに報告されたものに限る。）	（新設）

政令第六十号

新型コロナウイルス感染症を指定感染症として定める等の政令の一部を改正する政令

内閣は、感染症の予防及び感染症の患者に対する医療に関する法律（平成十年法律第百十四号）第七条第一項の規定に基づき、この政令を制定する。

新型コロナウイルス感染症を指定感染症として定める等の政令（令和二年政令第十一号）の一部を次のように改正する。

第三条中「第三十条まで、第三十四条、第三十五条、第三十六条（第四項を除く。）、第三十七条」を「第三十七条まで」に改め、「第四十四条まで」の下に「、第四十四条の二（第三項を除く。）、第四十四条の三、第四十四条の五」を加え、「第四号から第六号まで」を「第五号及び第六号」に改め、「第八号、第九号、」を削り、「、第六十三条の二、第六十四条第一項」を「から第六十四条まで」に改め、同条の表法第三十条の項の次に次のように加える。

法第三十一条第一項	一類感染症、二類感染症又は三類感染症	新型コロナウイルス感染症

第三条の表法第三十四条の項を次のように改める。

法第三十二条及び第三十三条	一類感染症	新型コロナウイルス感染症

第三条の表法第三十五条第一項の項を次のように改める。

法第三十五条第一項	一類感染症、二類感染症、三類感染症、四類感染症若しくは新型インフルエンザ等感染症の患者が	新型コロナウイルス感染症の患者が
	一類感染症、二類感染症、三類感染症、四類感染症若しくは新型インフルエンザ等感染症の患者、疑似症患者若しくは無症状病原体保有者	新型コロナウイルス感染症の患者

第三条の表法第三十五条第五項の項及び法第三十六条第一項の項を削り、同表法第四十三条第一項及び第

四十四条の項の次に次のように加える。

法第四十四条の二の見出し	新型インフルエンザ等感染症の発生及び	新型コロナウイルス感染症について
法第四十四条の二第一項	新型インフルエンザ等感染症が発生したと認めたときは、速やかに、その旨及び発生した地域を公表するとともに、当該感染症	新型コロナウイルス感染症
	血清亜型及び検査方法	検査方法
法第四十四条の三第一項及び第二項並びに第四十四条の五	新型インフルエンザ等感染症	新型コロナウイルス感染症

第三条の表法第五十七条第一号から第三号までの項中「第三号」を「第四号」に改め、同表法第五十八条第五号から第七号までの項中「第七号」を「第九号」に改め、同表法第五十九条の項を削り、同表法第六十

一条第三項の項中「第七号」を「第九号」に改め、同表法第六十四条第一項の項中「第六章」を「第七章」に改め、同表令第六条の項の次に次のように加える。

令第八条第一号	一類感染症の建物	新型コロナウイルス感染症（病原体がベータコロナウイルス属のコロナウイルス（令和二年一月に、中華人民共和国から世界保健機関に対して、人に伝染する能力を有することが新たに報告されたものに限る。）であるものに限る。以下単に「新型コロナウイルス感染症」という。）の建物
	当該一類感染症	当該新型コロナウイルス感染症
令第九条第一号	一類感染症	新型コロナウイルス感染症

第三条の表令第二十五条第一項の項を削り、同表令第二十七条第一項の項を次のように改める。

令第二十七条第一項	並びに	及び
	第九号まで及び第十四号	第九号まで

第四条中「並びに第三十八条第五項」を「、第三十二条、第三十三条、第三十八条第五項」に、「の規定」を「、第四十四条の三第一項及び第二項並びに第四十四条の五の規定」に改める。

附則第二項ただし書中「第四号から第六号まで」を「第五号及び第六号」に改め、「第八号、第九号、」を削る。

附　則

（施行期日）

1　この政令は、公布の日の翌日から施行する。

（地方自治法施行令の一部改正）

2　地方自治法施行令（昭和二十二年政令第十六号）の一部を次のように改正する。

別表第一新型コロナウイルス感染症を指定感染症として定める等の政令（令和二年政令第十一号）の項中「並びに第三十八条第五項」を「、第三十二条、第三十三条、第三十八条第五項」に、「の規定」を「

、第四十四条の三第一項及び第二項並びに第四十四条の五の規定」に改める。

新型コロナウイルス感染症を指定感染症として定める等の政令の一部を改正する政令　新旧対照条文　目次

○新型コロナウイルス感染症を指定感染症として定める等の政令（令和二年政令第十一号）（抄）（本則関係）

（傍線の部分は改正部分）

改正案

（法等の準用）

第三条　新型コロナウイルス感染症については、法第八条（第二項を除く。）、第十二条（第四項及び第五項を除く。）、第十五条（第三項については、第一号、第四号、第七号及び第十号に係る部分に限る。）、第十六条から第二十五条まで、第二十六条の三から第三十七条まで、第三十八条第三項から第六項まで及び第九項、第三十九条第一項、第四十条から第四十四条まで、第四十四条の二（第三項を除く。）、第四十四条の三、第四十四条の五、第五十七条（第五号及び第六号を除く。）、第五十八条（第十一号、第十三号及び第十四号を除く。）、第五十九条、第六十一条第二項及び第三項、第六十三条から第六十四条まで、第六十五条、第六十五条の三並びに第六十六条の規定（これらの規定に基づく命令の規定を含む。）を準用する。この場合において、次の表の上欄に掲げる法及び感染症の予防及び感染症の患者に対する医療に関する法律施行令（平成十年政令第四百二十号。以下この条において「令」という。）の規定中同表の中欄に掲げる字句は、それぞれ同表の下欄に掲げる字句に読み替えるものとする。

（略）		
（略）		
法第三十一条第一項	一類感染症、二類感染症又は三類感染症	新型コロナウイルス感染症

現行

（法等の準用）

第三条　新型コロナウイルス感染症については、法第八条（第二項を除く。）、第十二条（第四項及び第五項を除く。）、第十五条（第三項については、第一号、第四号、第七号及び第十号に係る部分に限る。）、第十六条から第二十五条まで、第二十六条の三から第三十条まで、第三十四条、第三十五条、第三十六条（第四項を除く。）、第三十七条、第三十八条第三項から第六項まで及び第九項、第三十九条第一項、第四十条から第四十四条まで、第五十七条（第四号から第六号までを除く。）、第五十八条（第八号、第九号、第十一号、第十三号及び第十四号を除く。）、第五十九条、第六十一条第二項及び第三項、第六十三条、第六十三条の二、第六十四条第一項、第六十五条、第六十五条の三並びに第六十六条の規定（これらの規定に基づく命令の規定を含む。）を準用する。この場合において、次の表の上欄に掲げる法及び感染症の予防及び感染症の患者に対する医療に関する法律施行令（平成十年政令第四百二十号。以下この条において「令」という。）の規定中同表の中欄に掲げる字句は、それぞれ同表の下欄に掲げる字句に読み替えるものとする。

（略）		
法第三十条	一類感染症、二類感染症、三類感染症又は新型インフルエンザ等感染症	新型コロナウイルス感染症

（新設）

法第三十二条及び第三十三条	一類感染症	新型コロナウイルス感染症
法第三十五条第一項	一類感染症、二類感染症、三類感染症、四類感染症若しくは新型インフルエンザ等感染症の患者が	新型コロナウイルス感染症の患者が
	一類感染症、二類感染症、三類感染症、四類感染症若しくは新型インフルエンザ等感染症の患者、疑似症患者若しくは無症状病原体保有者	新型コロナウイルス感染症の患者
（略）		
（削る）		
（削る）		
（略）		
（略）		
法第四十四条の二の見出し	新型インフルエンザ等感染症の発生及び	新型コロナウイルス感染症について
法第四十四	新型インフルエンザ等	新型コロナウイルス感

法第三十四条	前条	第三十条
法第三十五条第一項	第三十三条	第三十条
	一類感染症、二類感染症、三類感染症、四類感染症若しくは新型インフルエンザ等感染症の患者が	新型コロナウイルス感染症の患者が
	一類感染症、二類感染症、三類感染症、四類感染症若しくは新型インフルエンザ等感染症の患者、疑似症患者若しくは無症状病原体保有者	新型コロナウイルス感染症の患者
（略）		
法第三十五条第五項	、第二十九条第二項又は第三十一条第二項	又は第二十九条第二項
法第三十六条第一項	、第三十条第一項又は第三十一条第一項	又は第三十条第一項
（略）		
法第四十三条第一項及び第四十四条	第三十七条第一項及び第三十七条の二第一項	第三十七条第一項
（新設）		
（新設）		

条の二第一項	感染症が発生したと認めたときは、速やかに、その旨及び発生した地域を公表するとともに、当該感染症	染症
	血清亜型及び検査方法	検査方法
法第四十四条の三第一項及び第二項並びに第四十四条の五	新型インフルエンザ等感染症	新型コロナウイルス感染症
（略）		
法第五十七条第一号から第四号まで	（第五十条第一項の規定により実施される場合を含む。）に要する	に要する
（略）		
法第五十八条第五号から第九号まで	（第五十条第一項の規定により実施される場合を含む。）に要する	に要する
（削る）		
（略）		
法第六十一条第三項	第九号まで及び第十四号並びに	第九号まで及び
（略）		
法第六十四条第一項	前章	第七章
	第十四条第一項及び第五項、第十四条の二第	第三十八条第五項、第六項

（新設）		
（略）		
法第五十七条第一号から第三号まで	（第五十条第一項の規定により実施される場合を含む。）に要する	に要する
（略）		
法第五十八条第五号から第七号まで	（第五十条第一項の規定により実施される場合を含む。）に要する	に要する
法第五十九条	第四号	第三号
（略）		
法第六十一条第三項	第九号まで及び第十四号並びに	第七号まで及び
（略）		
法第六十四条第一項	前章	第六章
	第十四条第一項及び第五項、第十四条の二第	第三十八条第五項、第六項

	一項及び第七項、第三十八条第一項、第二項、第五項、第六項、第八項（同条第二項、第八項及び第九項の規定にあっては、結核指定医療機関に係る部分を除く。）、第四十条第三項から第五項まで、第四十三条（結核指定医療機関に係る部分を除く。）、第五十三条の二第三項、第五十三条の七第一項、第五十六条の二十七第七項並びに第六十条）及び	、第四十条第三項から第五項まで並びに第四十三条）、前章及び
（略）		
（略）		
令第八条第一号	一類感染症の建物	新型コロナウイルス感染症（病原体がベータコロナウイルス属のコロナウイルス（令和二年一月に、中華人民共和国から世界保健機関に対して、人に伝染する能力を有することが新たに報告されたもの

	一項及び第七項、第三十八条第一項、第二項、第五項、第六項、第八項（同条第二項、第八項及び第九項の規定にあっては、結核指定医療機関に係る部分を除く。）、第四十条第三項から第五項まで、第四十三条（結核指定医療機関に係る部分を除く。）、第五十三条の二第三項、第五十三条の七第一項、第五十六条の二十七第七項並びに第六十条）及び	、第四十条第三項から第五項まで並びに第四十三条）、前章及び
（略）		
令第六条	第二十五条第六項（法第二十六条において準用する場合を含む。）	第二十五条第六項
（新設）		

		に限る。）であるものに限る。以下単に「新型コロナウイルス感染症」という。）の建物
	当該一類感染症	当該新型コロナウイルス感染症
令第九条第一号	一類感染症	新型コロナウイルス感染症
（削る）		
令第二十七条第一項	並びに第九号まで及び第十四号	及び第九号まで

（事務の区分）

第四条　前条において準用する法第十二条（第四項及び第五項を除く。）、第十五条（第二項、第五項及び第六項を除き、第三項については第一号、第四号、第七号及び第十号に係る部分に限る。）、第十六条の三（第二項、第四項及び第十一項を除く。）、第十七条、第十八条第一項、第三項及び第四項、第十九条第一項、第三項及び第五項、第二十条第一項から第五項まで、第二十一条、第二十二条、第二十三条、第二十五条第四項、第二十六条の三（第二項及び第四項を除く。）、第二十六条の四（第二項及び第四項を除く。）、第三十二条、第三十三条、第三十八条第五項及び第九項（第一種感染症指定医療機関に係る部分に限る。）、第四十四条の三第一項及び第二項並びに第四十四条の五の規定により都道府県、保健所を設置する市又は特別区が処理することとされている事務は、地方自治法（昭和二十二年法律第六十七号）第二条第九項第一号に規定する第一号法定受託事務とする。

（新設）		
令第二十五条第一項	第四号	第三号
令第二十七条第一項	第九号まで及び第十四号	第七号まで

（事務の区分）

第四条　前条において準用する法第十二条（第四項及び第五項を除く。）、第十五条（第二項、第五項及び第六項を除き、第三項については第一号、第四号、第七号及び第十号に係る部分に限る。）、第十六条の三（第二項、第四項及び第十一項を除く。）、第十七条、第十八条第一項、第三項及び第四項、第十九条第一項、第三項及び第五項、第二十条第一項から第五項まで、第二十一条、第二十二条、第二十三条、第二十五条第四項、第二十六条の三（第二項及び第四項を除く。）、第二十六条の四（第二項及び第四項を除く。）並びに第三十八条第五項及び第九項（第一種感染症指定医療機関に係る部分に限る。）の規定により都道府県、保健所を設置する市又は特別区が処理することとされている事務は、地方自治法（昭和二十二年法律第六十七号）第二条第九項第一号に規定する第一号法定受託事務とする。

附　則

（この政令の失効）

2　この政令は、第二条に規定する期間の末日限り、その効力を失う。ただし、その時までにした行為に対する罰則の適用及びその時までに第三条において準用する法第五十七条（第五号及び第六号を除く。）若しくは第五十八条（第十一号、第十三号及び第十四号を除く。）の規定により支弁する費用、第三条において準用する法第五十九条若しくは第六十一条第二項若しくは第三項の規定により負担する負担金又は第三条において準用する法第六十三条の規定により徴収することができる実費については、この政令は、その時以後も、なおその効力を有する。

附　則

（この政令の失効）

2　この政令は、第二条に規定する期間の末日限り、その効力を失う。ただし、その時までにした行為に対する罰則の適用及びその時までに第三条において準用する法第五十七条（第四号から第六号までを除く。）若しくは第五十八条（第八号、第九号、第十一号、第十三号及び第十四号を除く。）の規定により支弁する費用、第三条において準用する法第五十九条若しくは第六十一条第二項若しくは第三項の規定により負担する負担金又は第三条において準用する法第六十三条の規定により徴収することができる実費については、この政令は、その時以後も、なおその効力を有する。

○地方自治法施行令（昭和二十二年政令第十六号）（抄）（附則第二項関係）

（傍線の部分は改正部分）

改正案

別表第一　第一号法定受託事務（第一条関係）

備考　この表の下欄の用語の意義及び字句の意味は、上欄に掲げる政令における用語の意義及び字句の意味によるものとする。

政令	事務
（略）	（略）
新型コロナウイルス感染症を指定感染症として定める等の政令（令和二年政令第十一号）	第三条において準用する法第十二条（第四項及び第五項を除く。）、第十五条（第二項、第五項及び第六項を除き、第三項については第一号、第四号、第七号及び第十号に係る部分に限る。）、第十六条の三（第二項、第四項及び第十一項を除く。）、第十七条、第十八条第一項、第三項及び第四項、第十九条第一項、第三項及び第五項、第二十条第一項から第五項まで、第二十一条、第二十二条、第二十三条、第二十五条第四項、第二十六条の三（第二項及び第四項を除く。）、第二十六条の四（第二項及び第四項を除く。）、第三十二条、第三十三条、第三十八条第五項及び第九項（第一種感染症指定医療機関に係る部分に限る。）、第四十四条の三第一項及び第二項並びに第四十四条の五の規定により都道府県、保健所を設置する市又は特別区が処理する

現行

別表第一　第一号法定受託事務（第一条関係）

備考　この表の下欄の用語の意義及び字句の意味は、上欄に掲げる政令における用語の意義及び字句の意味によるものとする。

政令	事務
（略）	（略）
新型コロナウイルス感染症を指定感染症として定める等の政令（令和二年政令第十一号）	第三条において準用する法第十二条（第四項及び第五項を除く。）、第十五条（第二項、第五項及び第六項を除き、第三項については第一号、第四号、第七号及び第十号に係る部分に限る。）、第十六条の三（第二項、第四項及び第十一項を除く。）、第十七条、第十八条第一項、第三項及び第四項、第十九条第一項、第三項及び第五項、第二十条第一項から第五項まで、第二十一条、第二十二条、第二十三条、第二十五条第四項、第二十六条の三（第二項及び第四項を除く。）、第二十六条の四（第二項及び第四項を除く。）並びに第三十八条第五項及び第九項（第一種感染症指定医療機関に係る部分に限る。）の規定により都道府県、保健所を設置する市又は特別区が処理することとされている事務

こととされている事務

〈重要法令シリーズ013〉

新型インフル対策特措法

法律・施行令等

2020 年 4 月 15 日　第 1 版第 1 刷発行

発 行 者　今 井　　貴
発 行 所　株式会社 信山社
〒113-0033 東京都文京区本郷6-2-9-102
Tel 03-3818-1019
Fax 03-3818-0344
info@shinzansha.co.jp
出版契約 No.2020-7083-9-01010　Printed in Japan

印刷・製本／亜細亜印刷・渋谷文泉閣
ISBN978-4-7972-7083-9　012-045-015 C3332
分類328.700.e013 P174. 行政法・医事法

出典：衆議院ホームページ：http://www.shugiin.go.jp/internet/itdb_rchome.nsf/html/rchome/Futai/naikakuECB0F1A58E87DC0C49258529003CB3D6.htm〔衆議院附帯決議〕、参議院ホームページ：https://www.sangiin.go.jp/japanese/gianjoho/ketsugi/current/f063_031301.pdf〔参議院附帯決議〕、内閣官房ホームページ：https://www.cas.go.jp/jp/houan/201.html〔新型インフルエンザ等対策特別措置法の一部を改正する法律案〕、厚生労働省ホームページ：https://www.mhlw.go.jp/hourei/new/hourei/newindex.html#ho_3〔感染症の予防及び感染症の患者に対する医療に関する法律施行令の一部を改正する政令、新型コロナウイルス感染症を指定感染症として定める等の政令の一部を改正する政令〕

日本立法資料全集

芦部信喜・高見勝利 編著
『皇室典範〔昭和22年〕』

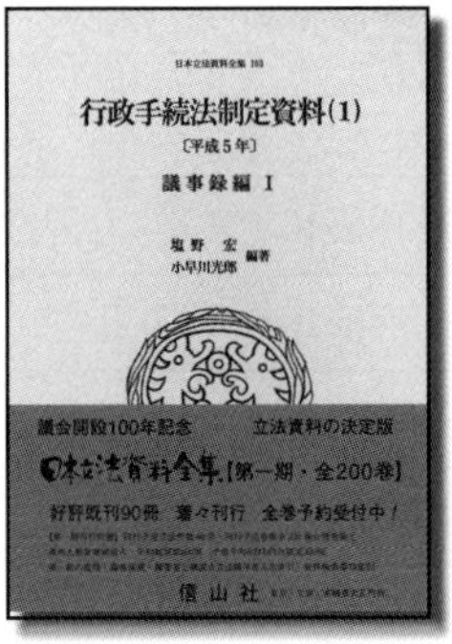

塩野宏・小早川光郎 編著
『行政手続法制定資料〔平成5年〕(1)議事録編 I』

巻数	書　名	編・著者　等	ISBN	本体価格
1	皇室典範	芦部信喜、高見勝利	978-4-88261-200-1	36,893 円
2	信託法・信託業法〔大正11年〕	山田昭	978-4-88261-201-8	43,689 円
3	議院法〔明治22年〕	大石眞	978-4-88261-202-5	40,777 円
4	會計法〔明治22年〕	小柳春一郎	978-4-88261-203-2	48,544 円
5	行政事件訴訟法〔昭和37年〕(1)	塩野宏	978-4-88261-206-3	48,544 円
6	行政事件訴訟法〔昭和37年〕(2)	塩野宏	978-4-88261-207-0	48,544 円
7	皇室経済法〔昭和22年〕	芦部信喜、高見勝利	978-4-88261-210-0	48,544 円
8	刑法草按注解 上〔旧刑法別冊(1)〕	吉井蒼生夫、藤田正、新倉修	978-4-88261-211-7	36,893 円
9	刑法草按註解 下〔旧刑法別冊(2)〕	吉井蒼生夫、藤田正、新倉修	978-4-88261-212-4	36,893 円
10	民事訴訟法〔大正改正編〕(1)	松本博之、河野正憲、徳田和幸	978-4-88261-213-1	48,544 円
11	民事訴訟法〔大正改正編〕(2)	松本博之、河野正憲、徳田和幸	978-4-88261-214-8	48,544 円
12	民事訴訟法〔大正改正編〕(3)	松本博之、河野正憲、徳田和幸	978-4-88261-215-5	34,951 円
13	民事訴訟法〔大正改正編〕(4)	松本博之、河野正憲、徳田和幸	978-4-88261-216-2	38,835 円
14	民事訴訟法〔大正改正編〕(5)	松本博之、河野正憲、徳田和幸	978-4-88261-217-9	36,893 円
15	民事訴訟法〔大正改正編〕総索引	松本博之、河野正憲、徳田和幸	978-4-88261-218-6	2,913 円
16	明治皇室典範〔明治22年〕(上)	小林宏、島善高	978-4-88261-208-7	35,922 円
17	明治皇室典範〔明治22年〕(下)	小林宏、島善高	978-4-88261-209-4	45,000 円
18	大正少年法〔大正11年〕(上)	森田明	978-4-88261-204-9	43,689 円
19	大正少年法〔大正11年〕(下)	森田明	978-4-88261-205-6	43,689 円
20	刑法〔明治40年〕(1)-Ⅰ	内田文昭、山火正則、吉井蒼生夫	978-4-88261-223-0	45,000 円
20-2	刑法〔明治40年〕(1)-Ⅱ	内田文昭、山火正則、吉井蒼生夫	978-4-7972-4251-5	50,000 円
20-3	刑法〔明治40年〕(1)-Ⅲ	内田文昭、山火正則、吉井蒼生夫	978-4-7972-4252-2	45,000 円
21	刑法〔明治40年〕(2)	内田文昭、山火正則、吉井蒼生夫	978-4-88261-224-7	38,835 円
22	刑法〔明治40年〕(3)-Ⅰ	内田文昭、山火正則、吉井蒼生夫	978-4-88261-225-4	29,126 円
23	刑法〔明治40年〕(3)-Ⅱ	内田文昭、山火正則、吉井蒼生夫	978-4-88261-231-5	35,922 円
24	刑法〔明治40年〕(4)	内田文昭、山火正則、吉井蒼生夫	978-4-88261-226-1	43,689 円
25	刑法〔明治40年〕(5)	内田文昭、山火正則、吉井蒼生夫	978-4-88261-227-8	31,068 円
26	刑法〔明治40年〕(6)	内田文昭、山火正則、吉井蒼生夫	978-4-88261-228-5	32,039 円
27	刑法〔明治40年〕(7)	内田文昭、山火正則、吉井蒼生夫	978-4-88261-229-2	30,097 円

巻数	書　名	編・著者　等	ISBN	本体価格
29	旧刑法〔明治13年〕(1)	西原春夫、吉井蒼生夫、藤田正、新倉修	978-4-88261-232-2	31,068 円
30	旧刑法〔明治13年〕(2)-Ⅰ	西原春夫、吉井蒼生夫、藤田正、新倉修	978-4-88261-233-9	33,981 円
31	旧刑法〔明治13年〕(2)-Ⅱ	西原春夫、吉井蒼生夫、藤田正、新倉修	978-4-88261-234-6	32,039 円
32	旧刑法〔明治13年〕(3)-Ⅰ	西原春夫、吉井蒼生夫、藤田正、新倉修	978-4-88261-235-3	39,806 円
33	旧刑法〔明治13年〕(3)-Ⅱ	西原春夫、吉井蒼生夫、藤田正、新倉修	978-4-88261-236-0	30,000 円
34	旧刑法〔明治13年〕(3)-Ⅲ	西原春夫、吉井蒼生夫、藤田正、新倉修	978-4-88261-237-7	35,000 円
35	旧刑法〔明治13年〕(3)-Ⅳ	西原春夫、吉井蒼生夫、藤田正、新倉修	978-4-7972-2072-8	45,000 円
36-Ⅰ	旧刑法〔明治13年〕(4)-Ⅰ	西原春夫、吉井蒼生夫、藤田正、新倉修	978-4-7972-2073-5	48,000 円
36-Ⅱ	旧刑法〔明治13年〕(4)-Ⅱ	西原春夫、吉井蒼生夫、藤田正、新倉修	978-4-7972-2074-2	60,000 円
37	行政事件訴訟法〔昭和37年〕(3)	塩野宏	978-4-88261-240-7	29,126 円
38	行政事件訴訟法〔昭和37年〕(4)	塩野宏	978-4-88261-241-4	34,951 円
39	行政事件訴訟法〔昭和37年〕(5)	塩野宏	978-4-88261-242-1	37,864 円
40	行政事件訴訟法〔昭和37年〕(6)	塩野宏	978-4-88261-243-8	26,214 円
41	行政事件訴訟法〔昭和37年〕(7)	塩野宏	978-4-88261-244-5	25,243 円
42	国家賠償法〔昭和22年〕	宇賀克也	978-4-7972-3011-6	50,000 円
43	民事訴訟法〔明治36年草案〕(1)	松本博之、河野正憲、徳田和幸	978-4-88261-219-3	37,864 円
44	民事訴訟法〔明治36年草案〕(2)	松本博之、河野正憲、徳田和幸	978-4-88261-220-9	33,010 円
45	民事訴訟法〔明治36年草案〕(3)	松本博之、河野正憲、徳田和幸	978-4-88261-221-6	34,951 円
46	民事訴訟法〔明治36年草案〕(4)	松本博之、河野正憲、徳田和幸	978-4-88261-222-3	43,689 円
47	会社更生法〔昭和27年〕(1) **GHQ交渉編**	位野木益雄	978-4-88261-248-3	31,068 円
48	会社更生法〔昭和27年〕(2) **GHQ交渉編**	位野木益雄	978-4-88261-249-0	33,981 円
49	会社更生法〔昭和27年〕(3) **国会審議編**	青山善充	978-4-7972-4196-9	70,000 円
51	労働基準法〔昭和27年〕(1)	渡辺章	978-4-88261-256-8	43,689 円
52	労働基準法〔昭和27年〕(2)	渡辺章	978-4-88261-257-5	55,000 円
53	労働基準法〔昭和27年〕(3)上	渡辺章	978-4-88261-258-2	35,000 円
54	労働基準法〔昭和27年〕(3)下	渡辺章	978-4-88261-259-9	34,000 円
55	労働基準法〔昭和22年〕(4)上	渡辺章、野田進	978-4-7972-2341-5	50,000 円
56	労働基準法〔昭和22年〕(4)下	渡辺章、野田進	978-4-7972-2342-2	38,000 円
61	民事訴訟法〔戦後改正編〕(1)	松本博之	978-4-7972-4300-0	50,000 円
62	民事訴訟法〔戦後改正編〕(2)	松本博之	978-4-88261-254-4	42,000 円
63	民事訴訟法〔戦後改正編〕(3)-Ⅰ	松本博之	978-4-88261-265-0	36,000 円

巻数	書　名	編・著者　等	ISBN	本体価格
64	民事訴訟法〔戦後改正編〕(3)-Ⅱ	松本博之	978-4-88261-266-7	38,000 円
65	民事訴訟法〔戦後改正編〕(4)-Ⅰ	松本博之	978-4-88261-267-4	40,000 円
66	民事訴訟法〔戦後改正編〕(4)-Ⅱ	松本博之	978-4-88261-268-1	38,000 円
68	事業者団体法〔昭和23年〕	今村成和、厚谷襄兒	978-4-7972-4296-6	60,000 円
71	日本国憲法制定資料全集(1)	芦部信喜、高橋和之、高見勝利、日比野勤	978-4-7972-2021-6	33,010 円
72	日本国憲法制定資料全集(2)	芦部信喜、高橋和之、高見勝利、日比野勤	978-4-7972-2022-3	35,000 円
74-Ⅰ	日本国憲法制定資料全集(4)-Ⅰ	芦部信喜、高橋和之、高見勝利、日比野勤	978-4-7972-2024-7	45,000 円
74-Ⅱ	日本国憲法制定資料全集(4)-Ⅱ	芦部信喜、高橋和之、高見勝利、日比野勤	978-4-7972-2025-4	40,000 円
75	日本国憲法制定資料全集(5)	芦部信喜、高橋和之、高見勝利、日比野勤	978-4-7972-2026-1	45,000 円
76	日本国憲法制定資料全集(6)	芦部信喜、高橋和之、高見勝利、日比野勤	978-4-7972-2027-8	30,000 円
80	日本国憲法制定資料全集(10) **臨時法制調査会Ⅰ**	芦部信喜、高橋和之、高見勝利、日比野勤	978-4-7972-2031-5	50,000 円
80	日本国憲法制定資料全集(11) **臨時法制調査会Ⅱ**	芦部信喜、高橋和之、高見勝利、日比野勤	978-4-7972-2032-2	55,000 円
80	日本国憲法制定資料全集(12) **臨時法制調査会Ⅲ**	芦部信喜、高橋和之、高見勝利、日比野勤	978-4-7972-2033-9	50,000 円
83	日本国憲法制定資料全集(13) **衆議院議事録(1)**	芦部信喜、高橋和之、高見勝利、日比野勤	978-4-7972-2034-6	60,000 円
84	日本国憲法制定資料全集(14) **衆議院議事録(2)**	芦部信喜、高橋和之、高見勝利、日比野勤	978-4-7972-2035-3	60,000 円
85	日本国憲法制定資料全集(15) **衆議院議事録(3)**	芦部信喜、高橋和之、高見勝利、日比野勤	978-4-7972-2036-0	60,000 円
86	日本国憲法制定資料全集(16) **貴族院議事録(1)**	芦部信喜、高橋和之、高見勝利、日比野勤	978-4-7972-2037-7	56,000 円
87	日本国憲法制定資料全集(17) **貴族院議事録(2)**	芦部信喜、高橋和之、高見勝利、日比野勤	978-4-7972-2038-4	52,000 円
88	日本国憲法制定資料全集(18) **貴族院議事録(3)**	芦部信喜、高橋和之、高見勝利、日比野勤	978-4-7972-2075-9	52,000 円
89	日本国憲法制定資料全集(19) **貴族院議事録(4)**	芦部信喜、高橋和之、高見勝利、日比野勤	978-4-7972-2076-6	54,000 円
90	日本国憲法制定資料全集(20) **帝国議会議事録総索引**	芦部信喜、高橋和之、高見勝利、日比野勤	978-4-7972-2077-3	30,000 円
91	商法改正〔昭和25年・26年〕 GHQ／SCAP文書	中東正文	978-4-7972-4121-1	38,000 円
92	外国弁護士法(上)	小島武司	978-4-7972-4290-4	50,000 円
93	外国弁護士法(下)	小島武司	978-4-7972-4291-1	45,000 円
94	裁判所構成法	小柳春一郎、蕪山嚴	978-4-7972-4002-3	56,000 円 ※直販のみ
95	裁判所構成法註釋 竝に裁判所構成法議事速記録	オットー・ルドルフ、篠塚春世	978-4-7972-4294-2	100,000 円
101	不戦条約(上)国際法先例資料集(1)	柳原正治	978-4-7972-2070-4	43,000 円

巻数	書　名	編・著者　等	ISBN	本体価格
102	不戦条約(下)国際法先例資料集(2)	柳原正治	978-4-7972-2071-1	43,000 円
103	行政手続法制定資料〔平成5年〕(1) 議事録編Ⅰ	塩野宏、小早川光郎	978-4-7972-0291-5	60,000 円
104	行政手続法制定資料〔平成5年〕(2) 議事録編Ⅱ	塩野宏、小早川光郎	978-4-7972-0292-2	70,000 円
105	行政手続法制定資料〔平成5年〕(3) 議事録編Ⅲ	塩野宏、小早川光郎	978-4-7972-0293-9	60,000 円
106	行政手続法制定資料〔平成5年〕(4) 要綱案関係資料編Ⅰ	塩野宏、小早川光郎	978-4-7972-0294-6	40,000 円
107	行政手続法制定資料〔平成5年〕(5) 要綱案関係資料編Ⅱ	塩野宏、小早川光郎	978-4-7972-0295-3	40,000 円
108	行政手続法制定資料〔平成5年〕(6) 参考資料編Ⅰ	塩野宏、小早川光郎	978-4-7972-0296-0	45,000 円
109	行政手続法制定資料〔平成5年〕(7) 参考資料編Ⅱ	塩野宏、小早川光郎	978-4-7972-0297-7	40,000 円
110	行政手続法制定資料〔平成5年〕(8) 参考資料編Ⅲ	塩野宏、小早川光郎	978-4-7972-0298-4	45,000 円
111	行政手続法制定資料〔平成5年〕(9) 参考資料編Ⅳ	塩野宏、小早川光郎	978-4-7972-0299-1	55,000 円
112	行政手続法制定資料〔平成5年〕(10) 参考資料編Ⅴ	塩野宏、小早川光郎	978-4-7972-0300-4	45,000 円
113	行政手続法制定資料(11) 〔平成17年改正〕議事録編	塩野宏、宇賀克也	978-4-7972-3005-5	60,000 円
114	行政手続法制定資料(12) 〔平成17年改正〕立案資料編	塩野宏、宇賀克也	978-4-7972-3006-2	75,000 円
115	行政手続法制定資料(13) 〔平成17年改正〕参考資料編Ⅰ	塩野宏、宇賀克也	978-4-7972-3007-9	64,000 円
116	行政手続法制定資料(14) 〔平成17年改正〕参考資料編Ⅱ	塩野宏、宇賀克也	978-4-7972-3008-6	50,000 円
117	行政手続法制定資料(15) 〔平成17年改正〕参考資料編Ⅲ	塩野宏、宇賀克也	978-4-7972-3009-3	63,000 円
118	行政手続法制定資料(16) 〔平成17年改正〕参考資料編Ⅳ	塩野宏、宇賀克也	978-4-7972-3010-9	63,000 円
121	**刑事訴訟法制定資料全集** 昭和刑事訴訟法編(1)	井上正仁、渡辺咲子、 田中開	978-4-7972-4181-5	20,000 円
122	**刑事訴訟法制定資料全集** 昭和刑事訴訟法編(2)	井上正仁、渡辺咲子、 田中開	978-4-7972-4182-2	40,000 円
123	**刑事訴訟法制定資料全集** 昭和刑事訴訟法編(3)	井上正仁、渡辺咲子、 田中開	978-4-7972-4183-9	40,000 円
124	**刑事訴訟法制定資料全集** 昭和刑事訴訟法編(4)	井上正仁、渡辺咲子、 田中開	978-4-7972-4184-6	35,000 円
125	**刑事訴訟法制定資料全集** 昭和刑事訴訟法編(5)	井上正仁、渡辺咲子、 田中開	978-4-7972-4185-3	40,000 円
126	**刑事訴訟法制定資料全集** 昭和刑事訴訟法編(6)	井上正仁、渡辺咲子、 田中開	978-4-7972-4186-0	60,000 円

巻数	書　名	編・著者　等	ISBN	本体価格
127	**刑事訴訟法制定資料全集** 昭和刑事訴訟法編(7)	井上正仁、渡辺咲子、 田中開	978-4-7972-4187-7	65,000 円
128	**刑事訴訟法制定資料全集** 昭和刑事訴訟法編(8)	井上正仁、渡辺咲子、 田中開	978-4-7972-4188-4	40,000 円
129	**刑事訴訟法制定資料全集** 昭和刑事訴訟法編(9)	井上正仁、渡辺咲子、 田中開	978-4-7972-4189-1	60,000 円
130	**刑事訴訟法制定資料全集** 昭和刑事訴訟法編(10)	井上正仁、渡辺咲子、 田中開	978-4-7972-4190-7	40,000 円
131	**刑事訴訟法制定資料全集** 昭和刑事訴訟法編(11)	井上正仁、渡辺咲子、 田中開	978-4-7972-4191-4	58,000 円
132	**刑事訴訟法制定資料全集** 昭和刑事訴訟法編(12)	井上正仁、渡辺咲子、 田中開	978-4-7972-4192-1	58,000 円
133	**刑事訴訟法制定資料全集** 昭和刑事訴訟法編(13)	井上正仁、渡辺咲子、 田中開	978-4-7972-4193-8	60,000 円
134	**刑事訴訟法制定資料全集** 昭和刑事訴訟法編(14)	井上正仁、渡辺咲子、 田中開	978-4-7972-4194-5	45,000 円
151	国税徴収法〔昭和改正編〕(1) ―租税法制定資料全集	三ケ月章、加藤一郎、 青山善充、碓井光明	978-4-7972-4081-8	40,000 円
152	国税徴収法〔昭和改正編〕(2) ―租税法制定資料全集	三ケ月章、加藤一郎、 青山善充、碓井光明	978-4-7972-4082-5	35,000 円
153	国税徴収法〔昭和改正編〕(3) ―租税法制定資料全集	三ケ月章、加藤一郎、 青山善充、碓井光明	978-4-7972-4083-2	35,000 円
154	国税徴収法〔昭和改正編〕(4) ―租税法制定資料全集	三ケ月章、加藤一郎、 青山善充、碓井光明	978-4-7972-4084-9	35,000 円
155	国税徴収法〔昭和改正編〕(5) ―租税法制定資料全集	三ケ月章、加藤一郎、 青山善充、碓井光明	978-4-7972-4085-6	38,000 円
156	国税徴収法〔昭和改正編〕(6) ―租税法制定資料全集	三ケ月章、加藤一郎、 青山善充、碓井光明	978-4-7972-4086-3	27,000 円
191	民事訴訟法〔明治編〕(1) テヒョー草案Ⅰ	松本博之、徳田和幸	978-4-7972-4301-7	40,000 円
192	民事訴訟法〔明治編〕(2) テヒョー草案Ⅱ	松本博之、徳田和幸	978-4-7972-4302-4	55,000 円
193	民事訴訟法〔明治編〕(3) テヒョー草案Ⅲ	松本博之、徳田和幸	978-4-7972-4303-1	65,000 円
194	民事訴訟法〔明治23年〕(1)	松本博之、徳田和幸	978-4-7972-4305-5	40,000 円
195	民事訴訟法〔明治23年〕(2)	松本博之、徳田和幸	978-4-7972-4306-2	53,000 円
196	民事訴訟法〔明治23年〕(3)	松本博之、徳田和幸	978-4-7972-4307-9	40,000 円
197	民事訴訟法〔明治23年〕(4)	松本博之、徳田和幸	978-4-7972-4308-6	40,000 円
198	民事訴訟法〔明治23年〕(5)	松本博之、徳田和幸	978-4-7972-4309-3	38,000 円
201	日本民法典資料集成 1 ―民法典編纂の新方針	広中俊雄	978-4-7972-4041-2	200,000 円 ※直販のみ

日本立法資料全集 別巻

Ⅰ　明治期の重要法律を解説する註釈書・体系書等の復刻！

本シリーズは、明治期における、立法作業に従事した司法官（磯部四郎・宮城浩蔵・岸本辰雄等の司法省法学校出身者、フランス留学経験者など）が、執筆・刊行した註釈書・体系書、立案参考資料とされた19世紀ヨーロッパの代表的著作（オルトラン、ムールロン、デルンブルヒ、アコラスなど）の翻訳等を中心として系統的に刊行しています。

Ⅱ　日本の立法史研究に必備のシリーズ！

本シリーズは、基本六法を中心として、重要な法律の成立、変遷がみえるように、憲法・行政法・民法・商法・民事訴訟法・刑法・刑事訴訟法などの主要文献を網羅的に刊行して、立法史研究に資するように配慮しています。

Ⅲ　19世紀西洋法継受と学説史研究のための必須文献の宝庫！

治外法権、関税自主権の不平等克服のために始まった、西洋法継受と学説継受の実像は、関東大震災、第二次世界大戦の空襲等により文献史料が失われ、フランス、ドイツ、イギリス等の19世紀後半の欧文資料にくらべ、司法省法学校、各法律学校、東京大学等の関係者が刊行したわが国の文献が散逸して、法学継受史研究は、著しく遅れていました。本シリーズは、このような状況を克服するために、全国に散在する文献原本を調査して刊行をしています。

Ⅳ　既刊、1200冊以上、平均価格45,000円、少部数発行！

監修 新堂幸司 松尾浩也 日本裁判資料全集

日本裁判資料全集 1・2

東京予防接種禍訴訟 上巻・下巻

中平健吉・大野正男
廣田富男・山川洋一郎
秋山幹男・河野　敬 編集

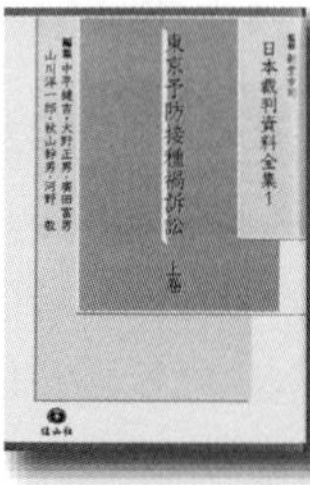

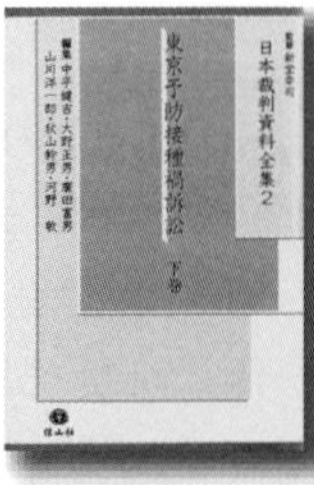

上巻 本体: **30,000**円 ISBN978-4-7972-6011-4

下巻 本体: **28,000**円 ISBN978-4-7972-6012-2

1973 年に提訴された予防接種被害東京訴訟（被害者 62 家族）の 26 年間にわたる裁判記録。予防接種被害の救済を求め、被害者とその弁護士が権利の実現のためにいかに戦い、裁判所がその使命をどのように果たしたか。第 1 編訴訟の概要・経過では弁護団の雑談会がリアルに物語っている。第2編以降では訴状、答弁書、準備書面等、さらに意見陳述、証言、尋問調書等、原告の「生の声」をも収録した貴重なドキュメンタリー。全 2 巻、総 1820 頁に訴訟の全てを凝縮。

日本裁判資料全集 3・4

長銀最高裁無罪事件 上巻・下巻

更田義彦・倉科直文
國廣　正・坂井　眞
五味祐子 編集

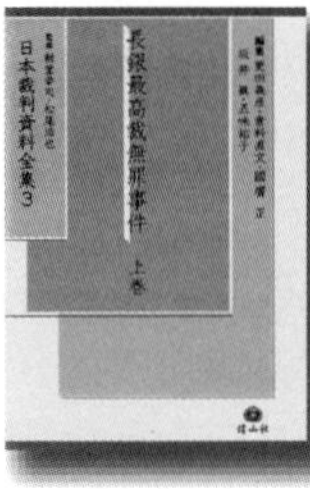

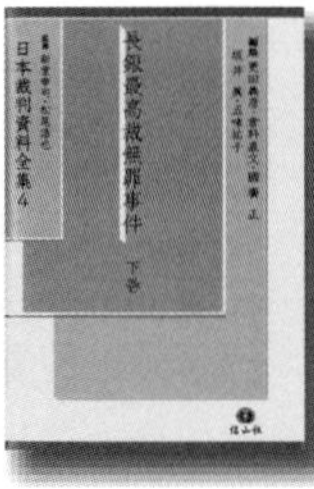

上巻 本体: **30,000**円 ISBN978-4-7972-6019-9

下巻 本体: **29,000**円 ISBN978-4-7972-6020-5

私達の生きる社会と司法との関係や報道のあり方など、より良い司法社会の展望を拓く、生きた裁判ドキュメンタリー。頭取、副頭取の弁護資料を中心に、裁判がいかになされ、どのように無罪判決を勝ち取ったのか。裁判過程での問題点を照らし出すとともに、上下巻とも、各部には新たな【解説】が付され、事件の概要、立件の経緯・弁護体制、公判手続の緒戦部分の記録等をわかりやすく編集・収載。法実践の方法論を学習するために、実務家、研究者、法科大学院生必読の書。